中国电影集团公司艺术家系列丛书

中国电影集团公司艺术家系列丛书

成荫画传

从战士到导演

中国电影出版社
2017·北京

谨以此书纪念

成荫百年诞辰

成荫

序

别具一格的《成荫画传——从战士到导演》

罗艺军

我读过的人物画传，基本上一种形态：开篇的序言或长篇大论，或要言不烦地对传主做出评介；接下来的主要篇幅大都是图片；画传中插入不多的文字，对图片作简要说明、补充；最后则是对传主生平按年代排列的大事记。画传当然以画为主，文字属于配角。拿到《成荫画传——从战士到导演》一看，发现这本画册中的文字几乎占了半壁江山，图文争辉，别具一格。图片的选择和文字的表述与其它画传也显然有别。

本书编撰人成征何以要摈弃画传的常态另辟蹊径呢？书的“后记”中有明确交代。“全部采用当年和成荫合作的同事、他的领导、当时的电影评论家和学者们的评说，以保持历史的真实性和可读性。”成征为这本画卷提供了一个新的样式，其编撰工作就会麻烦得多，艰险得多，弃易就难，其意图也一目了然，为了更出色地完成父（成荫）母（申伸）留下的遗愿。

在《成荫画传——从战士到导演》中，对历史真实性的追求可谓达到极致。这里举一个事例以见一斑。在成荫晚年，北京电影制片厂年轻导演王君正先后给成荫写了两封信求教。成荫的复信在本书中全文照登。如成荫这样的大忙人，能为一位晚辈复一封数百字的信，足见成荫对培养青年一代的热忱。信的内容，更令人感动。“在选本子上要严格一点，不好不拍。我一生就吃这个亏，经不起人家三促两促，就马马虎虎地搞了，搞完了自己也不满意”。别看这短短的几句话，这可是许多电影大师们摸爬滚打几十年积累的经验教训！我曾拜访过成荫同辈的另一位电影大师水华，他当电影导演最深刻教训：“人物没有立起来的剧本，我决不去拍！”两位前辈的总结，异曲同工。王君正的反应呢？将这封信珍藏至今！

我尤其欣赏大量摘引各个不同历史时期不同评论家对不同作品的评论，其可谓百家争鸣，各抒己见，丰富多彩。这些评论原汤原汁，既显示作者的个性和思考深度，又反映不同时代电影思潮的趋向。对于了解和深入研究成荫和作品，均会有所裨益。

我于1953年初调入电影界工作，随即参加了中国第一届电影剧本创作会议。这次会议主题就是为了解决电影制片厂面对重大矛盾，没有可供拍摄的电影剧本，停工待料。编剧不敢写剧本，导演不敢拍影片，因为怕犯政治错误，当年在电影艺术家中流行一句话，“不求艺术有功，但求政治无过”，这句话之所以广为流传，因为它表达了绝大多数电影艺术家的心声。中华人民共和国刚成立的1950年，中国电影开门红。一年生产了几十部故事片，其中包括颇受好评的《白毛女》《钢铁战士》《乌鸦与麻雀》《我这一辈子》等。何以一两年之后，制片厂陷入了巧妇难为无米之炊的困境呢？根源在于1951年中《人民日报》在醒目位置发表了一篇批判电影《武训传》的文章，指出该片不去歌颂农民革命而去美化一个行乞办学的武训，定性为政治立场的原则性错误，大加挞伐，震惊了中国文化界。对此我曾写过一篇长文《反思“武训传”批判》①，在此不再赘述。与此同时，还有另一部影片《荣誉属于谁》（编剧：岳野，导演：成荫）同样被裁定为“犯有严重政治错误”，遭到批判。由于工作上的要求，我曾对能找到的有关文字资料仔细研究，却始终不得要领。这本画传中选载了岳野的《有关“荣誉属于谁”的情况》一文，才算找到比较确切的答案。基于中华人民共和国成立之初毛泽东号召全面学习苏联，这部影片应该属于与时俱进的主旋律，故而影片初映时，受到某些领导的表扬。根据岳野文章，当年有关领导传达影片主要问题是：“荣誉属于谁？是否属于苏联先进经验？荣誉应当属于中国共产党，属于毛主席。”

谁会想到问题出在这里？！从此之后，这种政治索隐派的批判方法大行其道，在历次“左”的文化运动中推波助澜，极大地损害了有中国特色的社会主义文化繁荣发展。

成荫逝世后不久，在北京召开了成荫电影创作研讨会。我在会上提交了一篇论文——《谈成荫的创作道路》。此文结尾的一段文字，现在重读，觉得似乎尚未过时。照抄下来，作为这篇短文的终结。

如果要选择一位电影艺术家能充分代表中国社会主义电影头三十五年的时代精神和美学特色，反映它所经历的令人振奋而又令人扼腕的历程，我以为作为导演艺术家的成荫也许是最合适的人选。

成荫同志是幸运的，长期革命战争的锻炼和戏剧艺术实践，使他在生活积累、思想品格、组织才能和艺术经验上作为一名电影导演作了较高的准备。党的信赖和培养使他迅速地掌握了电影艺术形式，驰骋银幕，成为一个时代的有代表性的电影大师。其后几经波折，在晚年犹能向艺术的高峰攀登，一个艺术家艺术生命的驻点画在自己的高峰（引者按：指电影《西安事变》）上，是许多同辈艺术家向往而未能如愿的。成荫又是不幸的，主观的尤其是客观的束缚使他艺术想象的翅膀未能充分自由地翱翔。尤其在60年和70年代，当他在艺术臻于成熟、创作精力旺盛的年代，却在创作上停滞乃至倒退，如果排除“左”的干扰，他肯定能为我们留下远为璀璨的遗产。

2017年12月24日

① 载《粤海风》2009年第1期，后收入罗艺军、徐虹著《中国当代电影：补阙与反思》一书，香港民族文化出版社。

目　录

1917—1938

青少年时期

成荫，1917年1月21日生于山东曹县，原籍江苏松江。名蕴保、荫五、荫。兄弟排行第五，上有四兄二姐。

成荫父，成瘤梅，东吴大学毕业。先后当过小学教员、邮电局职员、县政府职员，与友人合股开采过锌矿，经营过轮船公司，办过报纸。第一次世界大战时，曾代表地方政府与占领山东的日军交涉，北伐时期曾任过江西云都县代理县长，晚年义务行医。

成荫母，陈氏，理家。

1923年（6岁）

在北京西单铁匠营胡同师大附小上学。

秋，母病逝。

1925年（8岁）

在山西入太原模范小学。

1930年（13岁）

小学毕业，入太原私立新民中学。

1931年（14岁）

离太原，奔上海父亲处。

失学四年。与失学青年一起搞乐器合奏，学拉二胡、小提琴，梦想当音乐家。经常在说书场听书。

1934年（17岁）

从上海回到山西汾阳，投靠大哥成昌保。继续失学一年。

1

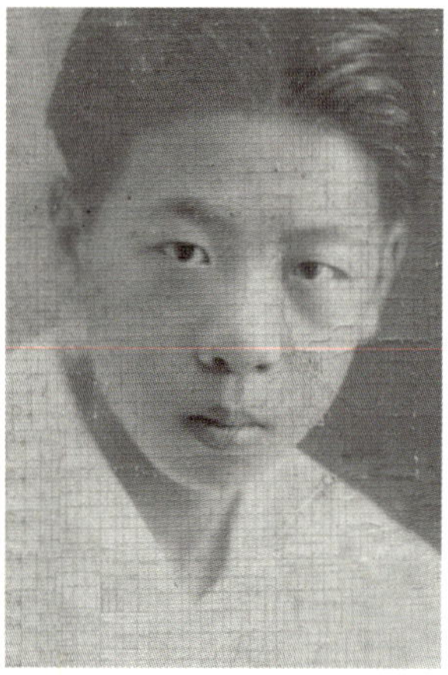
2

3

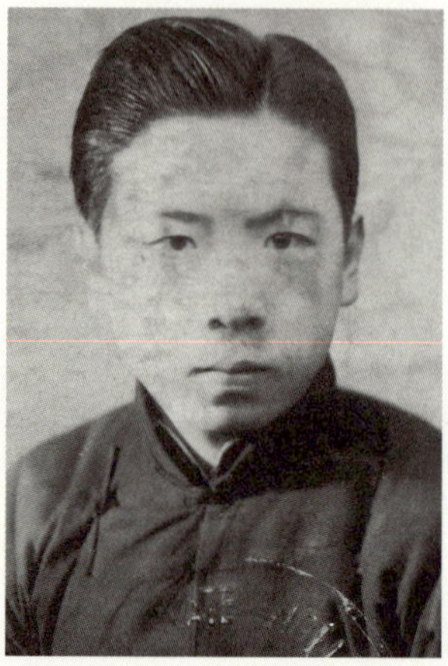
4

1 成荫父亲成瘤梅和继母孙芸兰
2 1933年成荫在上海
3 1934年成荫在山西汾阳
4 1937年成荫在武汉

1

2

1936年（19岁）

从大哥处回到武汉二哥成寿保处。受二哥的引导，读过《译文》、艾思奇的《大众哲学》、邹韬奋主办的《生活》周刊、辛克莱的《密探》《石炭王》等书刊。

入善德英文补习学校学习。

1937年（20岁）

7月7日，抗日战争爆发，成荫头脑中唯一的念头是要抗日，不当亡国奴。

8月13日，日寇侵入上海，四哥成俊保在保卫上海的淞沪战役中牺牲。

10月，回到汾阳，太原吃紧，又去武汉，找到善德英文补习学校的同学李非、陈地组织“怒号”救亡歌咏队，在武汉附近演出《放下你的鞭子》，演唱救亡歌曲等。

11月，至西安，到“寒假战时训练班”听课——江隆基讲《帝国主义论》、沈志远讲《唯物辩证法》、侯外庐讲《抗日民族统一战线》等，学习结束后四处寻找去延安的关系。

1938年（21岁）

2月，经侯外庐介绍与李非等到山西临汾找续范亭安排工作，因敌机轰炸，所乘卡车抛锚，又失去联系。与同行的其他六人议定，从永和关过黄河经绥德奔赴延安。

1　幼年成荫与兄弟姐妹合影（前排左起：二姐成振华、成荫、四哥成俊保；后排左起：二哥成寿保、大姐成佩华、大哥成昌保）

2　1937年在汉阳组织《放下你的鞭子》演出活动（右二为成荫）

1938—1948

抗战和解放战争时期

战斗剧社

1938年3月11日成荫到达延安，入陕北公学第一期十九队学习。

1938年5月，刚从西安辗转奔向延安的成荫，在延安加入了中国共产党，并从陕北公学第一期毕业。21岁的年轻人满怀救国之心，准备到抗日军政大学学习军事，以便走上前线英勇杀敌。然而，陕北公学的毕业演出，成荫参演了短剧《张老二参军》，被求才若渴的鲁迅艺术学院的老师发现，经组织调入了鲁艺戏剧系第二期。在这里，成荫才终于认识到：搞艺术也是革命。

离开“鲁艺”，成荫被分配至八路军120师战斗剧社担任话剧导演，一边创作、导演、演出《国际玩具店》《流寇队长》《打虎沟》《农村曲》《丰收》《晋察冀的乡村》《叛变之前》等话剧，一边跟随贺龙、关向应转战晋察冀边区。炮火硝烟中的战斗剧社，锤炼着成荫一代艺术家勤于采集、勇于创新的艺术才能以及高度的政

1

2

1　成荫在战斗剧社驻地山西兴县石岭子村

2　1939年夏，成荫参加晋察冀戏剧工作座谈会（桌前右坐地第一人为成荫）

1

2

1 1940年，第一次晋西北戏剧座谈会合影（右二关向应、右三甘泗淇、右一朱丹、左一成荫、左二莫耶）
2 1940年春，成荫在兴县李家湾排练报告剧《晋察冀的乡村》

治热情和党性原则，这样的锤炼，也将成为新中国电影最重要的基石和最值得骄傲的荣光。（节选自李道新：《成荫在1953》）

1938年冬天，成荫一行二十多人，跟随去延安参加六届六中全会的贺龙师长和关向应政委一起来到120师战斗剧社。剧社刚从五台山去慰问打了胜仗的部队回来，驻在山西岚县休整。成荫他们一到剧社，正遇上日本人对岚县的第一次大轰炸，五架飞机围着小山城又扔炸弹、又是机枪扫射，把岚县城打得房倒屋塌，四周大火冲天——这算是给成荫他们到敌后战场的一个见面礼。我们比成荫早几个月到战斗剧社的，只见他不顾炮火的威胁，不顾长途行军的劳累，一来就马上投入紧张的工作。剧社这时的成员，工农出身经过长征的人占绝大多数，大家的政治热情和战斗作风是众口称赞的，但在艺术工作上还处于非常简陋的阶段：化妆用的是黑墨和铅粉，粘胡须用的是糨糊和棉花，在一张纸上画个框挂起来就算窗子，在两幅幕布条之间出出进进就算门，戴上破礼帽穿上旧衣衫再架上眼镜就是汉奸，男的头上用黑丝帕挽个髻就是妇女，如此等等，长期沿用。虽然之前也曾有干学伟等同志来剧社任教，但时间很短就离开了。

成荫来到剧社，担任导演，他立即拿出随身带的新剧本进行排练，并且从舞台工作的各个部门进行创新和改进：用布景板和台阶搭立体布景；用松香和酒精制成化妆专用胶水；用凡士林加银珠、香粉、锅底黑等制成化妆油彩；用黑白毛线抻拉成绒毛当胡须；用有色玻璃纸罩在汽灯上变换灯光等等。并且建立了演出时的前后台岗位责任组织，排练时的分析剧本、研究人物等等制度，我们当时都从心眼里发出喜悦的声音："这下咱们剧社可有了戏剧专家了！"（节选自刘西林、赵伟、刘伍：《成荫青年时代的戏剧活动》）

1940年7月，成荫被任命为战斗剧社的政治指导员。第二年年初，跟朱丹和严寄洲一起，再次去延安学习，抄回了斯坦尼斯拉夫斯基表演体系。1941年11月7日，由成荫根据该体系导演的独幕话剧《雷雨》公开演出，却在边区文艺界引起了争论。成荫的革命艺术道路，第一次出现"艺术"与"政治"难以共处的不谐和音。

但成荫并没有意识到这一点，或者说，没有过多地理会这一切。1941年8月，战斗剧社奉调到延安汇报演出。成荫编写了报告剧《敌我之间》（包括《自家人认自家人》《求雨》《虎列拉》）。演出后，剧本发表在《解放日报》上。11月21日，战斗剧社在杨家岭礼堂演出《晋察冀的乡村》《荒村之夜》和《公道的评判》等节目。（节选自李道新：《成荫在1953》）

战斗剧社在这个时期还排演了《雷雨》《日出》《中秋》《北京人》《第四十一》等大戏。我在《雷雨》中饰演四凤的母亲鲁妈，在《日出》中饰演女佣人，还是属于老百姓的角色，比较本色。黄岫饰演《雷雨》中的蘩漪，《北京人》中的愫方，她将剧中人被压抑的性格表现得恰如其人，那眼神、那步态无不让人感到其内心的郁闷和痛苦。后来这些大戏由于脱离现实斗争，受到了批评。演《雷雨》时有过这样的笑话：初冬，在吕梁山上的一个村口外，两棵高大的白杨树中间，高高地挂着一幅巨大的广告。上面画着一个披头散发的女人，幽灵似地隐现在雷雨的闪光中。广告的下端还贴着一张套色油印的说明书，有一行字特别惹人注目：同志！你来看《雷雨》的时候，请勿忘带手帕。原本以为观众会为剧中人物的命运流下辛酸的眼泪，结果出乎意料，舞台下不仅听不到半丝啜泣，传来的却是一片哗笑声。

"好闷热的天气呀！"台下是寒冬腊月，台上却是赤膊绸袴。

这不是主要的，主要原因是太脱离实际生活了，在日寇残酷扫荡的环境里，革命战士哪里有闲情来欣赏地主老财家的悲剧。而《丰收》在晋察冀演出时，当场就有几个农民跳上舞台，主动报名要参加子弟兵，

1

2

3

1、2　1939年，战斗剧社与抗敌剧社在晋察冀边区共同演出多幕话剧《丰收》（编剧刘肖芜、张可、莫耶，导演汪洋、成荫）（吴印咸 摄）

3　1942年，成荫编剧、严寄洲导演的话剧《求雨》剧照（蔡国铭 摄）

第二天这几个青年农民便在村里人狂热的欢送声中，带着兴奋愉快的心情“上队”去了。还有《中秋》。《中秋》是从延安鲁艺学来的“大戏”，剧本是反映抗战时期农村生活的，为了排演这部戏，整整花去了两个月的时间。当时，我们认为剧中人物的心理刻画是细致的，语言是优美而精炼的，戏剧情节波澜起伏，是“提高”之作。可是，第二幕刚完，贺龙师长就从观众中站了起来。

“你们演这种悲观失望的戏干什么？”他直率而严肃地对我们说。

那天晚上，戏仍然一场一场往下演，观众呢，一队一队在“起立”“向后转”的口令声中散去。最后，只剩下零零落落的几名观众。事后得知，当时战士看了不能容忍，甚至有人想把石子扔到舞台上来。（节选自申伸口述、申晓亭编写：《难忘昨天》）

成荫有一股子不满足现状的创新精神。有一天他找到莫耶、朱丹和我谈了他新近构思的一个活报剧《晋察冀的乡村》的腹稿。戏一共分三场，只有一堂山村村头的布景：第一场是边区老百姓和平生活的戏；第二场是日寇扫荡实行“三光”政策，军民合力打退日寇重建家园；第三场山村又恢复了宁静，重新过着和平生活。初听起来，这种结构可以说太一般化、太老套了。可是当他把这部戏排出来后，却处理得极为生动，具有回味无穷的哲理性。他在第一场中，对边区军民“劳武结合”的生活，进行了高度的艺术概括，像风土人情画，像诗，又像散文。虽然没有什么故事情节，却是那么协调、稳实。而更使我钦佩的是他在第三场中，把人物动作和次序排列得几乎和第一场一模一样，只是节奏略比第一场快了一点。这种大胆的重复，带来一股韵味浓郁的艺术魅力，显示了成荫在

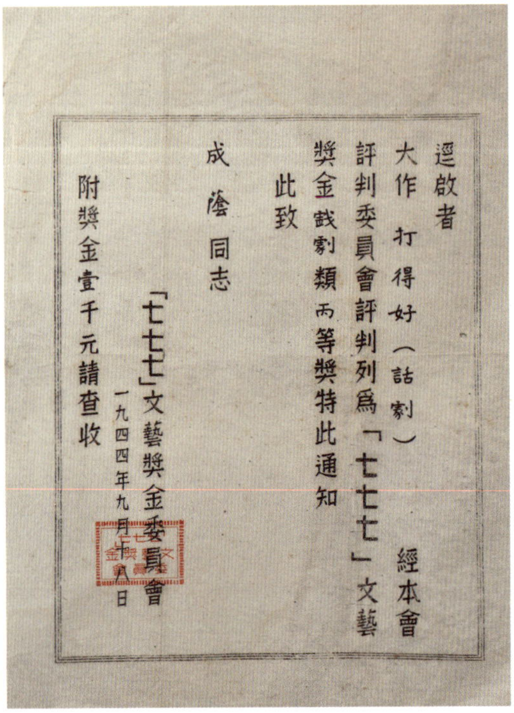
逕啟者
大作打得好（話劇）經本會評判委員會評判列為「七七七」文藝獎金戲劇類丙等獎特此通知
此致
成蔭同志
「七七七」文藝獎金委員會
一九四四年九月十八日
附獎金壹千元請查收

1

2

1 1944年，成荫编剧的话剧《打得好》获“七七七”文艺奖金及奖金壹千元
2 1944年，成荫被评为晋绥边区模范工作者并出席群英大会

1

2

1　1944年，成荫获晋绥边区模范工作者奖状
2　由莫耶编剧、成荫导演的话剧《一万元》剧照（蔡国铭 摄）

舞台艺术追求上的独创精神。这部活报剧后来在1942年到延安汇报演出时受到中央领导的表扬。成荫还导演过不少话剧，比较重要的是三部大戏：《雷雨》《悭吝人》和《北京人》。他导演的戏都非常流畅、自然、朴素。这和他后来从事电影导演工作所拍摄的影片风格完全一致。（节选自严寄洲：《成荫战斗在敌后话剧战线上》）

根据《延安文艺座谈会上的讲话》精神，贺龙交办一个任务，四天后要拿出一个反映前方战斗的戏。由成荫编剧、严寄洲导演，几个人在破窑洞里干开了，战斗剧社给他们一斤白面、两勺猪油、两根大蒜。晚上把窑洞门一关，成荫通宵埋头执笔，严寄洲给他们做面疙瘩。成荫一口气写出了三个独幕话剧。总名叫《敌我之间》，严导用三天时间将三个独幕剧排出来。因为是反映了前方生活，不仅延安百姓叫好，连延安鲁艺等高等学府的文化工作者反响也很强烈。（节选自罗君：《严寄洲——从小校对到大导演》）

1

2

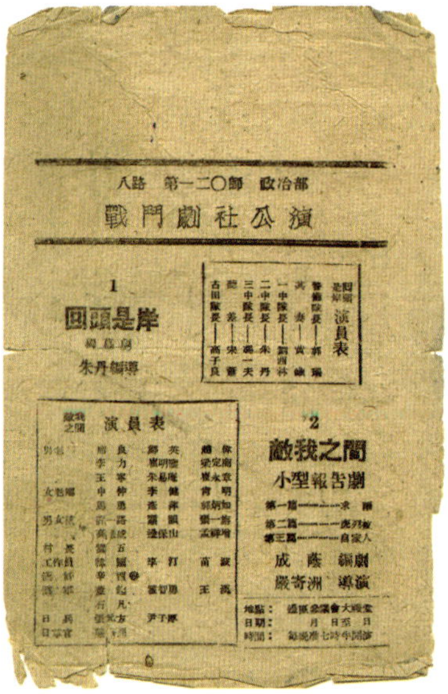

3

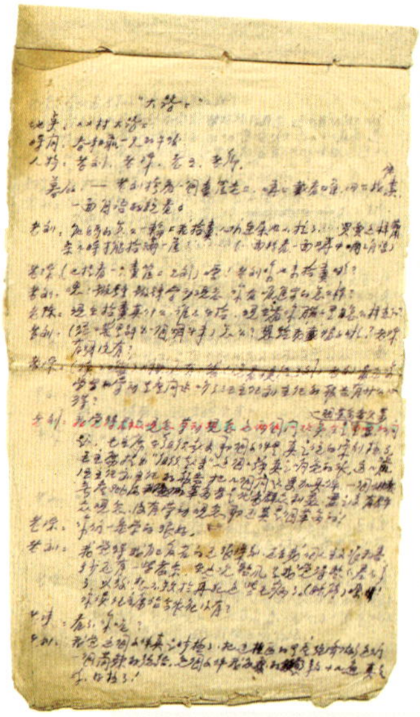

4

1 “一野”政治部战斗剧社徽章
2 “七七七”文艺奖金获奖作品《打得好》剧本
3 战斗剧社演出宣传品
4 成荫剧本手稿

1

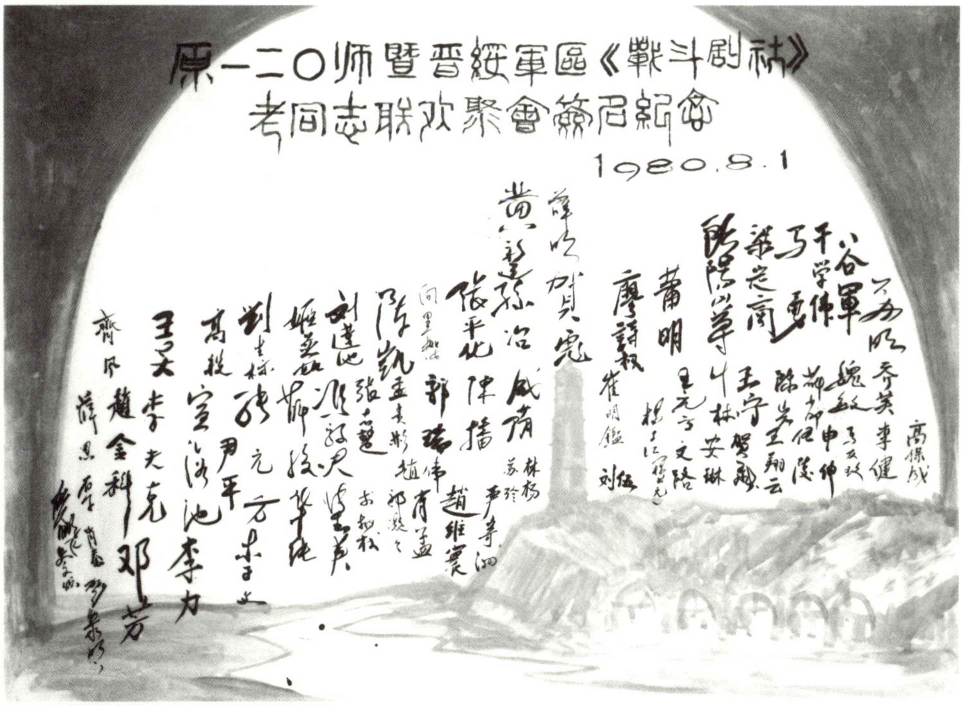

2

1　1942年，战斗剧社在延安演出时部分同志合影

2　1980年8月1日，120师战斗剧社老战友在北京聚会签名纪念

1

2

1 1941年10月，成荫在山西兴县石岭子村战斗剧社驻地导演话剧《雷雨》演出前的排练中

2 1943年2月2日，成荫和申伸在延安七里铺结婚。1946年1月第一个孩子果果出生，这是1947年一家三口在山西兴县石岭子村的合影

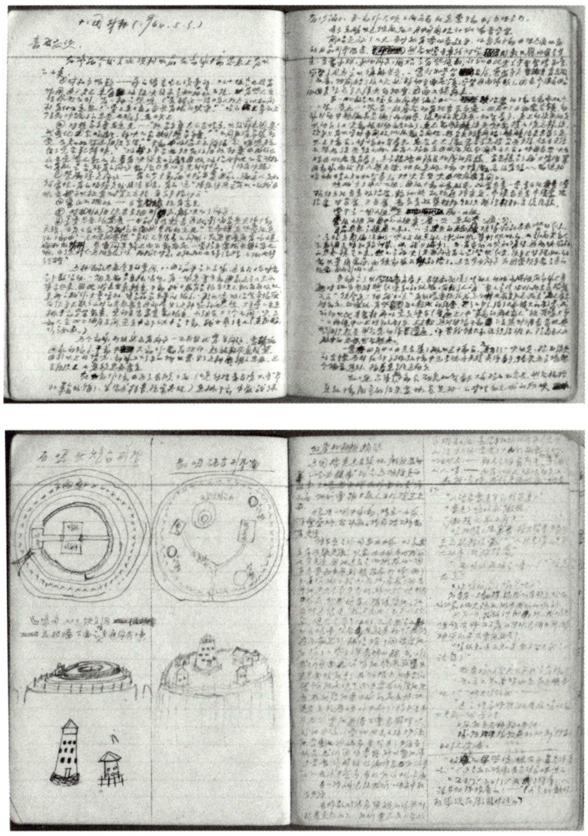

1

2

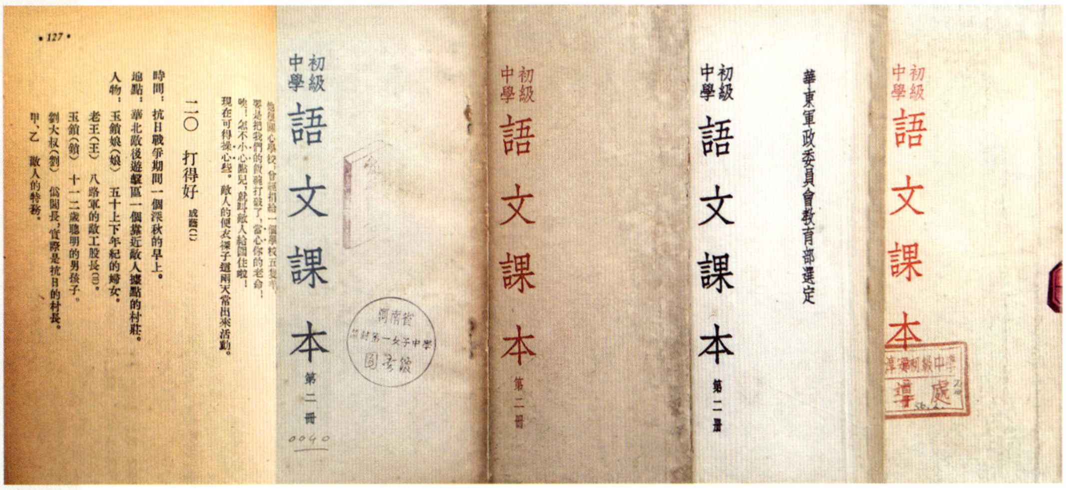

1 成荫在部队时期的笔记本

2 1950年至1956年成荫编剧的《打得好》剧本被编入中学语文课本第二册

1

2

3

4

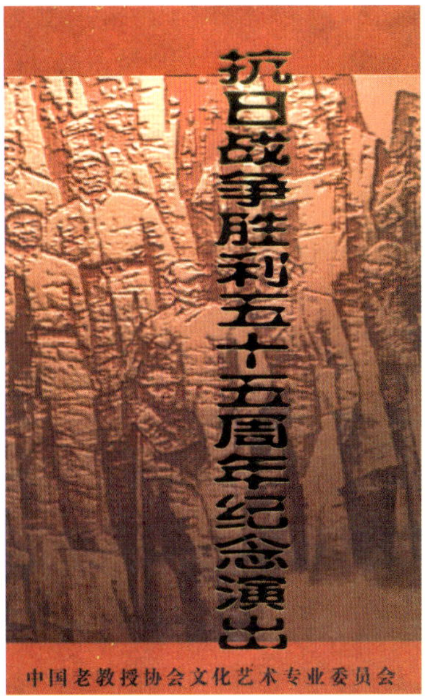

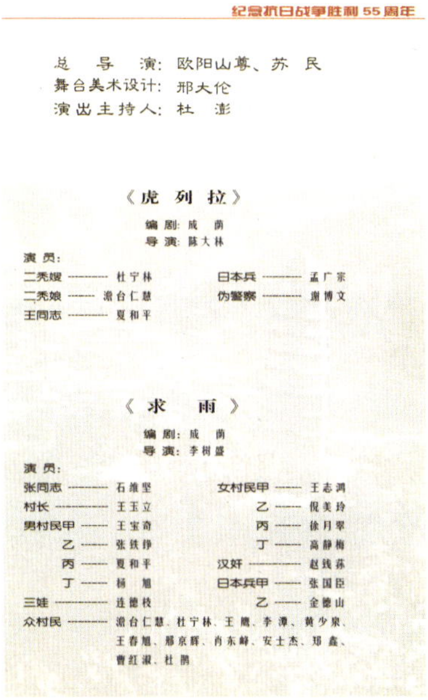

纪念抗日战争胜利55周年

总　导　演：欧阳山尊、苏　民
舞台美术设计：邢大伦
演出主持人：杜　澎

《虎　列　拉》

编剧：成　荫
导演：陈大林

演员：

二秃嫂 ---------- 杜宁林　　日本兵 ---------- 孟广宗
二秃娘 ------ 滝台仁慧　　伪警察 ---------- 谢博文
王同志 ---------- 夏和平

《求　雨》

编剧：成　荫
导演：李树盛

演员：

张同志 -------- 石维坚　　女村民甲 ------ 王志鸿
村长 ---------- 王玉立　　乙 ------ 倪美玲
男村民甲 ------ 王宝奇　　丙 ------ 徐月翠
乙 ------ 张铁铮　　丁 ------ 高静梅
丙 ------ 夏和平　　汉奸 ---------- 赵钱荪
丁 ------ 杨　旭　　日本兵甲 ------ 张国臣
三娃 ---------- 连德枝　　乙 ------ 金德山
众村民 -------- 滝台仁慧、杜宁林、王鹏、李潭、黄少泉、王春旭、邢京辉、肖东峰、安士杰、郑鑫、曹红淑、杜鹏

5

1　《求雨》(2000年北京人艺重新排演，康伟 摄)剧照
2　《虎列拉》(2000年北京人艺重新排演，康伟 摄)剧照
3　1980年8月1日，120师战斗剧社老战友在北京聚会合影
4　《打得好》(2000年北京人艺重新排演)剧照
5　抗日战争胜利五十五周年演出节目单

成荫在战斗剧社期间的创作活动					
年份	剧名	剧种	编剧	导演	备注
1938	流寇队长	话剧	王震之	成　荫	
1938	打虎沟	话剧	王震之	成　荫	
1938	矿山	话剧		成　荫	
1938	国际玩具店	活报剧	成　荫	成　荫	
1938	人命贩子	话剧		成　荫	
1938	一心堂	话剧		成　荫	
1938	农村曲	歌剧	李伯钊	成　荫	
1939	丰收	话剧	刘肖芜　张　可　莫　耶	汪　洋　成　荫	
1939	水灾	话剧	莫　耶	成　荫	
1939	警觉	话剧		崔　嵬　成　荫	参加晋察冀大会演
1939	晋察冀的乡村	报告剧	成　荫	成　荫	
1939	荒村之夜	歌剧	莫　耶	成　荫	
1940	参加八路军	活报剧	崔　嵬	成　荫	
1940	汾离公路	话剧	石　丁	成　荫	
1940	叛变之前	话剧	莫　耶	成　荫	
1940	大王庄	话剧		成　荫	
1941	一万元	话剧	莫　耶	成　荫	
1941	中秋	话剧	刘　因	成　荫	
1941	雷雨	话剧	曹　禺	成　荫	
1942	五日夫妻	话剧		成　荫	
1942	北京人	话剧	曹　禺	成　荫	
1942	悭吝人	话剧	莫里哀	成　荫	
1942	麻袋	话剧	石　丁	成　荫	
1942	求雨	话剧	成　荫	严寄洲	参加延安汇报演出
1942	虎列拉	话剧	成　荫	严寄洲	参加延安汇报演出
1942	自家人认自家人	话剧	成　荫	严寄洲	参加延安汇报演出
1943	打得好	话剧	成　荫	林　丹	获“七七七”文艺奖金
1943	兄妹开荒	秧歌剧	丁　一　羊路由	成　荫	
1944	全家福	秧歌剧	成　荫　严寄洲	严寄洲	
1944	跳大神	秧歌剧	刘西林	成　荫	

西北电影工学队

组织西北电影工学队的缘起是这样的。1947年秋，延安电影团的钟敬之、凌子风、程默从保卫陕甘宁边区战场来到当时的后方晋绥边区。程默在前方随中央纵队行军时拍摄了14本纪录片，是记录党中央首长的工作以及西北战场动态的珍贵资料。程默、凌子风到中共中央宣传部，要把这部分底片送到我党的东北电影制片厂冲洗编辑；同时建议带一些青年文艺工作者同去东北，学习电影的各种专业技能，为将来在西北建立电影事业做准备。他们的建议很快就得到了党中央的批准，党中央指示由中共西北局和晋绥分局负责筹办此事。

在中共西北局和晋绥分局的领导习仲勋和贺龙同志的亲切关怀和大力支持下，西北电影工学队很快就组成了。先后从西北地区的“抗战剧团”“绥德文工团”、晋绥地区的“战斗剧社”“七月剧社”等单位调集各种不同专业修养的人才30人。西北电影工学队在“简则”上规定的方针任务是：第一，为建立西北地区的电影事业培养干部；第二，洗印并编制西北战场的纪录

1947年11月，西北电影工学队与华北电影队在河北省深泽县东北马村合影

影片，并规定在东北电影制片厂学习完毕，应回西北建立电影工作。

西北电影工学队的大队是1947年10月24日从中共晋绥分局的所在地山西省兴县出发的。由钟敬之任队长，成荫任支部书记，赵伟任秘书。成员有凌子风、程默、赵伟、孙谦、王炎、刘西林、石联星、高维进、申伸、张琪、郝玉生、张沼滨、李秉忠、林景、苏云、杜生华、苏坚、朱革、高田、高振寰、王岚、张璞(张清人)、杜万英、彭虹、拓新、王之荷、王之戎等。苏云在工学队里担任组长。

整个队伍向东北方向行进，路经山西省的代县、繁峙，1947年11月到达晋察冀边区的首府——河北省阜平县。西北电影工学队的领导钟敬之、成荫向中共华北局宣传部长周扬汇报后，鉴于时已隆冬，行军困难，加之路上形势紧张，特别是他们去东北要经过的赤峰当时正流行鼠疫，所以周扬决定西北电影工学队到河北省深泽县东北马村，与晋察冀军区政治部电影队(简称“华北电影队”)一起休整学习，等待冬天后再走。

1948年春节，西北电影工学队接到上级的命令，让他们尽快把记录党中央首长工作以及西北战场动态的珍贵影像资料送到东北电影制片厂洗印。1948年3月3日，西北电影工学队与华北电影队离开了河北省深泽县东北马村，到了刚解放的石家庄市。上级破例让西北电影工学队的全体队员，到其他同志都不准进入的石家庄市参观学习了两天。

西北电影工学队离开石家庄继续北上，途经与山西省相邻的河北省阜平县和冀西山区，一直到达北平西部的平西游击区，住在宛平门头沟斋堂和傅家台、青白口等村子里休整，等待通过国民党占领区的时机。当时，北平、南口、昌平还都被国民党傅作义的队伍占据着。西北电影工学队要去东北解放区，必须通过平绥路(南口段)的国民党军队的封锁线。

1948年4月，掩护过路的部队通知西北电影工学队和其他几个非战斗单位出发。西北电影工学队携带的延安电影团拍摄的西北解放战争的纪录片底片，是珍贵的历史资料，而且易燃，只要一点火星就能在几秒钟内化为灰烬。此外，队伍里不但有一些女同志，而且还有一些婴幼儿随队前行。这都给安全通过枪林弹雨的封锁线增加了很多困难。西北电影工学队的同志们进行了明确分工：每个男同志都分配了任务，有的负责背胶片，有的负责照顾女同志，年轻力壮的小伙子负责背孩子……苏云身上除了自己的背包和学习笔记外，还和战友张琪负责背成荫、申伸夫妇的孩子果果。

在太阳将要落山的时候，过路的干部队伍跟着掩护部队从妙峰山的狼峪下了山。远处的火车声从南口方向传来。掩护部队集中主要兵力和火力佯攻南口镇，以便使敌军摸不清我军的真实意图，并由部分同志护送过路的干部队伍趁机前进。

在掩护部队用鲜血和生命的保护下，西北电影工学队和其他单位无一伤亡，终于到达了我方的冀察热辽解放区。

西北电影工学队稍事休息后继续向东北方向行进，在赤峰坐上了开往通辽的汽车。在通辽，他们又坐上了开往哈尔滨的火车。这时的东三省，国民党军队已被我军分割，包围在锦州、沈阳、长春三个地区，其余地区都已解放。西北电影工学队到达了东北解放区的首府哈尔滨。到中共东北局报到之后，东北局把他们安置在哈尔滨的一个招待所里休息了两天。然后，他们乘上了开往兴山的火车。1948年6月初，西北电影工学队到达了此次行军的最终目的地——黑龙江省鹤岗东北电影制片厂。至此，西北电影工学队自1947年10月底从晋西北出发，已过了整整7个月时间。这么一段路程竟用了大半年时间，在今天看来是不可思议的。(节选自陈宝光：《苏云传》)

1

2

1　1948年3月，西北电影工学队离开石家庄赴东北前的合影
2　西北电影工学队行军路线图

1948—1951

东北电影制片厂时期

1

2

3

1　从长春临时迁到兴山矿务局的东北电影制片厂

2　率领西北电影工学队从山西兴县出发，长途跋涉，历经7个月到达黑龙江鹤岗东北电影制片厂的成荫与钟敬之（右）

3　成荫（后排左一）与东影的部分领导合影（前排左起：罗光达、张辛实、吴印咸、钟敬之、袁小平）

东北电影制片厂是新中国电影的摇篮，不仅拍摄了大批优秀的影片，而且聚集、培养和输送了大量电影人才。早在1946年，党就派延安电影团40多人参加东影的工作，之后又有西北电影工学队、东北文工一团、东北军政大学文工团、东北青年文工团等一些党领导下的文艺单位和团体调入东影。上海、香港的一些进步电影工作者和全国各地的文艺工作者也纷纷迈进东影，加上原伪“满映”的部分人员（包括本厂技术人员），从而形成了一支以解放区文艺干部为领导和创作骨干的新型创作队伍。我们熟悉的著名电影工作者袁牧之、吴印咸、陈波儿、田方、钟敬之、钱筱璋、许珂、成荫、吴祖光、于蓝、沙蒙、苏云、袁小平等曾是东影的奠基者。浦克、凌元、梁音、方化、石联星、陈强、张平、于洋、欧阳儒秋等著名电影表演艺术家在东影成长，走上银幕，创作了许多令人难忘的艺术形象。1949年4月，东北电影制片厂迁回长春。1955年2月，文化部决定，正式更名为长春电影制片厂。

1

2

1、2　1949年，成荫在东影摄制、伊明导演的《无形的战线》中客串出演一位户籍民警

《东影保育院》

（系列纪录片《民主东北》第七辑）

东北电影制片厂摄制，1948

编导：成　荫	作曲：苏　民
摄影：李光惠	录音：唐　晋
剧务：王光彦	照明：陈　田
美术：史曼雄　朱　革	洗印：鲁　潍

就在1948年7月，袁牧之将成荫找去，告诉他学拍电影就从拍纪录片开始。就拍东影保育院，可以先去保育院了解情况，先有个大概的设想，再写一个初步计划，最后交由袁牧之为其把关。成荫当时电影是看得不少，但是怎么拍电影，却心中无数。袁牧之帮他配备了有丰富经验的摄影师李光惠、有经验的剧务主任王光彦，让他们在拍摄现场帮助出主意想办法。片子很顺利地完成了。袁牧之这样具体地帮助一位新手上阵，给我的印象太深了！（节选自申伸：《袁牧之——一位令我永远怀念的人》）

1948年成荫拍摄的第一部新闻纪录片《东影保育院》可以说是当时东影厂长袁牧之、艺术处处长陈波儿有意识地给成荫的一次实践和学习的机会。这第一次实践就十分认真而成功，影片拍得很有味道，非常生动有趣。（节选自舒晓鸣：《对成荫同志现实题材影片创作的思考》）习作《东影保育院》完全是学习阶段，从短纪录片的尝试中，看到一个探步者的生疏足迹。（节选自倪震：《成荫的艺术道路》）

这部影片还有个意外的作用，可能是袁牧之当时也没想到的。保育院当时那批孩子现在已是五十岁以上的成人了，他们是各行各业的骨干，工作之余，经常聚会，都是牵

《东影保育院》工作照

着保育院这根线进行的，其中还有当时的日本孩子和日本工作人员，来往很密切，感情也不一般。这是历史铸成的铿锵作响的人际关系呀！（节选自申伸：《袁牧之——一位令我永远怀念的人》）

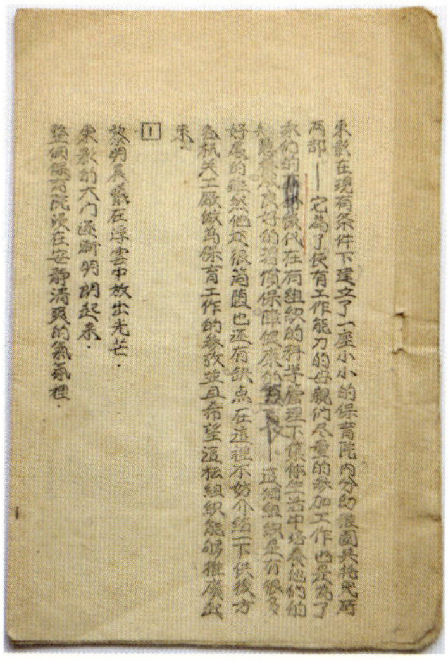
东影在现有条件下建立了一座小小的保育院内分的[illegible]与托儿所两部——它为了使有工作能力的母亲们尽量的参加工作也是为了我们的[illegible]一代在有组织的科学管理下使你生活中培养他们的[illegible]良好的习惯保障健康的[illegible]——这个组织是有很多好处的虽然他还很简陋也还有缺点在这里不妨介绍一下供给各方各机关工厂做为保育工作的参考并且希望这种组织能够推广起来。

[1]

黎明晨曦在浮云中放出光芒。

东影的大门逐渐明朗起来。

整个保育院浸在安静清爽的气氛里。

1

2

1 《东影保育院》纪录片剧本

2 《东影保育院》纪录片画面

1

2

3

1 东影保育院的孩子们
2 当年东影保育院部分中日孩子们五十年后相聚在北京
3 《东影保育院》拍摄期间，东影的工作人员和他们的孩子们

《回到自己队伍来》

东北电影制片厂摄制，1949

编导：成　荫
摄影：李光惠
照明：陈　田
特技设计：世　为
作曲：吴　因　巩志伟　张棣昌
录音：陈文渊
置景：朱　革
道具：苏云鹏　郝伟光
音乐：东影乐队演奏
洗印：李存邦　唐　顺
剪接：贾文锦
剧务主任：王光彦
场记：郭　奕
化装：罗　泰

东北军政大学宣传队全体演员出演

演员：武兆堤（饰吴　父）塞　声（饰吴　母）王　冰（饰王大和）于钟离（饰战士甲）苏　里（饰匪军连长）孙　辉（饰指导员）
林　克（饰吴大刚）关贵祥（饰吴根生）马学海（饰李　贵）丁克明（饰逃兵甲）李维新（饰匪军排长）马尔林（饰匪　兵）
曹　瑞（饰陈　勇）李司野（饰张　龙）王玉湖（饰逃兵乙）谭国玉（饰逃兵丙）文　友（饰战士乙）黎　光（饰战士丙）

1949年3月，成荫完成了他的故事片处女作《回到自己队伍来》。这部处女作现在已鲜为人知，带有明显的习作性质，实际上也是中国电影贯彻工农兵方向的演习。影片存在弱点，基本上涵盖了解放区文艺工作者如何掌握新的艺术形式和适应全国解放的政治形势这一带有普遍性的课题。《回到自己队伍来》完成于中华人民共和国成立前夕，名副其实地是中国社会主义电影的前奏。（节选自罗艺军：《谈成荫的创作道路》）

《回到自己队伍来》是一个非常特别的摄制组，编导成荫、摄影师李光惠都是第一次拍摄故事片。当时解放战争还在进行，摄制电影的设备简陋和技术条件低，影片的声光欠佳，但从编导的角度来看，这部显得有些稚拙的影片却显示了创作者对于革命现

成荫（右）在给演员讲戏

实主义的追求，并显示了青年导演在萌芽状态的纪实风格。（节选自马德波：《电影与真实》）

扮演主角吴大刚之父的武兆堤与扮演匪连长的苏里，同样是第一次面对摄影机；参加演出的东北军政大学宣传队全体演员，更是第一次面对镜头。尽管这些演员带着丰富的舞台经验和生活阅历，甚至还有优秀的演技，但电影毕竟是另外一种艺术形式，必须在叙事手段、编导方法与表演风格上符合特定的要求，大家克服困难一心一意地完成影片的拍摄。（节选自李道新：《成荫在1953》）

《回到自己队伍来》已经呈现出表现的欲望。尽管有舞台化和宣传剧的痕迹，但是，从不流畅的镜语中，竟已透露出作者自己的视角和构图的某些特点。（节选自倪震：《成荫的艺术道路》）

第一部影片总会有不少经验教训，我的第一部影片《回到自己队伍来》拍完后，陈波儿同志曾评论说："你的组织工作能力超过艺术才能！"我曾想我也许不适合搞创作工作，可是我并没有丧失信心，我从第一次实践中得到了许多，即懂得了作为一个电影导演应具备的业务知识，又检验了自己所欠缺的东西。第二部我自己改编自己导演的《钢铁战士》就有了一些进步，我想关键是自己当时确实是下了功夫，学习这门看来容易、干起来十分艰难的电影导演业务。我当时有两个优越条件是我过去搞过多年舞台导演，懂得一些戏，再有我曾积累了战斗年代所经历的生活，只要掌握了导演技巧，就有可能拍好我所能掌握的片子。（摘自成荫回复王君正的信）

成荫（中）在《回到自己队伍来》片场

《回到自己队伍来》剧照

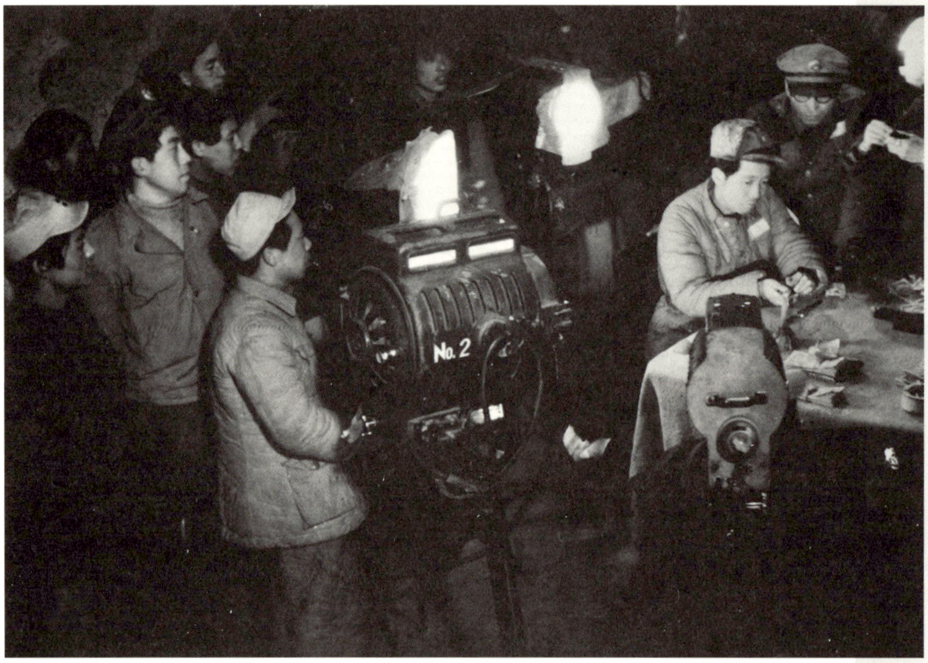

1

2

1 《回到自己队伍来》工作照
2 《回到自己队伍来》摄制组合影

参加第一次文代会

1949年6月25日，成荫在兴山拍完了影片《回到自己队伍来》后，7月到北平中南海怀仁堂参加了中华全国文学艺术工作者第一次代表大会。大会期间，这部影片被当作献礼片放映。随后，成荫与阳翰笙、袁牧之、夏衍、史东山、蔡楚生等40人，一起当选为中华全国电影艺术工作者协会全国委员会委员。

（节选自李道新：《成荫在1953》）

1

2

1 来自东影的代表（左一为钱筱璋，左二为钟敬之，中为田方，右一为成荫）

2 参加会议的代表在会场入口处

第一次文代会会场

《钢铁战士》

东北电影制片厂摄制，1950

原作：武兆堤　苏　里　吴　茵
编导：成　荫
摄影：王春泉
录音：陈文渊
布景设计：卢　淦
作曲：张国昌
造型：辛汉文
剧务：陈述希　张朴实
场记：华永庄
洗印：李存邦　钱仲选
照明：王文起
特技：庞　贵
特技摄影：贺　靖
置景：李云明
音响：崔仁杰
剪接：明　伟
道具：金云鹏　赵永顺
服装：项玉环
演奏：东影乐队
指挥：尹升山

演员：张　平（饰张志坚）　杜德夫（饰老　王）　赵万德（饰战士丙）　张　越（饰王团长）
孙　羽（饰小　刘）　张锡奇（饰齐德贵）　鲁　非（饰一参谋）　李　林（饰匪政工处长）
徐连凯（饰赵连长）　刘　儒（饰王小栓）　刘　影（饰匪科长）　贺高英（饰匪女秘书）
胡　朋（饰张　母）　王　枫（饰一班长）　袁思达（饰匪师长）　必　克（饰魏见吉）
张敬平（饰战士甲）　张　克（饰战士乙）　陈　翔（饰匪兵老陈）
人民解放军206师618团协助演出

《钢铁战士》是根据武兆堤、苏里、吴茵创作的歌剧《钢骨铁筋》改编的，成荫一遍一遍地写，一遍一遍地改，反复推敲，不断加工后完成的。单是片名，成荫就用过《真正的人》《不屈服的人》等，可惜都与苏联影片同名。临开拍前半个月，蔡楚生拟将其改名为《人民英雄》；送审时，才将其正式更名为《钢铁战士》。

《钢铁战士》是1950年摄制完成的。四个月编剧，八个月拍摄。当时的电影局局长袁牧之同志和艺术处处长陈波儿同志给了成荫巨大的帮助。影片送

《钢铁战士》获长影35周年优秀影片奖

1、2 《钢铁战士》分镜头剧本

1

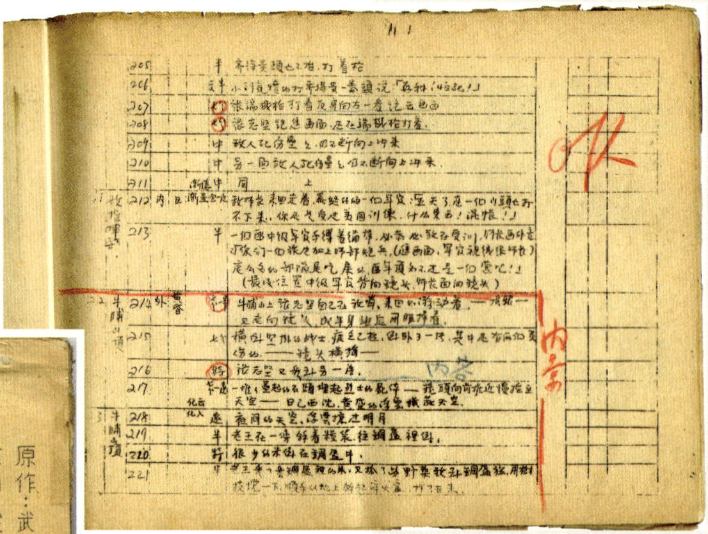

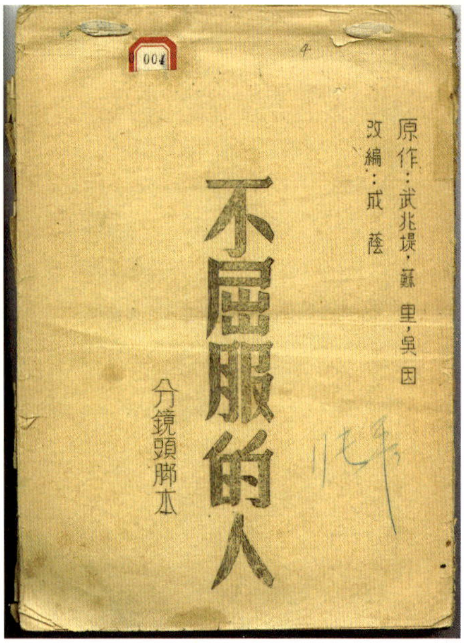

2

审时，大家看完之后热烈鼓掌，第一个发言的史东山兴奋地评价：“这个片子不像新导演拍的，相当地成熟。”（节选自李道新：《成荫在1953》）

在《钢铁战士》整个拍摄过程中，成荫导演对我始终是严格要求，热心关怀的。记得有一次拍摄一个镜头，表现小刘贪恋打枪，连长批评了他，他吐吐舌头，不好意思地离开阵地。吐舌头的动作我总做不好。成荫导演就让我一遍遍练习，直到拍完这个镜头，我自己也不满意，哭了一场。过后，成荫导演双手捧着我的脸，用他的脑门顶着我的脑门对我说：“以后遇到困难不许哭！不吃苦头就出不了成绩。”（节选自孙羽：《遥远的回忆》）

拍完之后，袁牧之拉着成荫到电影院看观众的反应，凡是观众反应强烈的时候，袁牧之便悄悄地拉他一下，他简直不知给拉了多少次，散场后观众久久不肯离开。成荫说：“以后，我再也没有享受到这种创作上的快乐了。”（节选自曹硕龙：《我所了解的成荫同志》）

如果说《回到自己队伍来》是一个过去连看电影的机会都很少的艺术家走上新的电影工作岗位所必不可少的学费，这笔学费缴得太值了，可说是一本万利。成荫同志的第二部作品《钢铁战士》就出现了一个惊人的飞跃。几乎令人难以置信，这两部影片是出自同一名编导之手，而且仅仅相隔一年。（节选自罗艺军：《谈成荫的创作道路》）

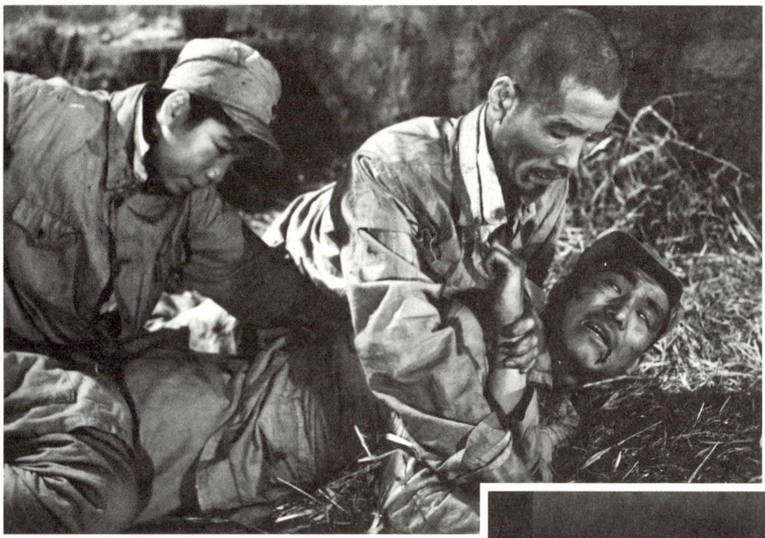

《钢铁战士》剧照

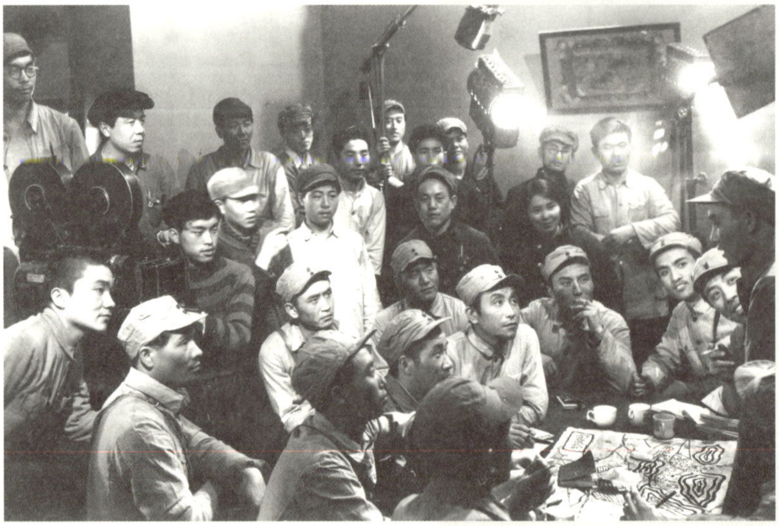

《钢铁战士》工作照

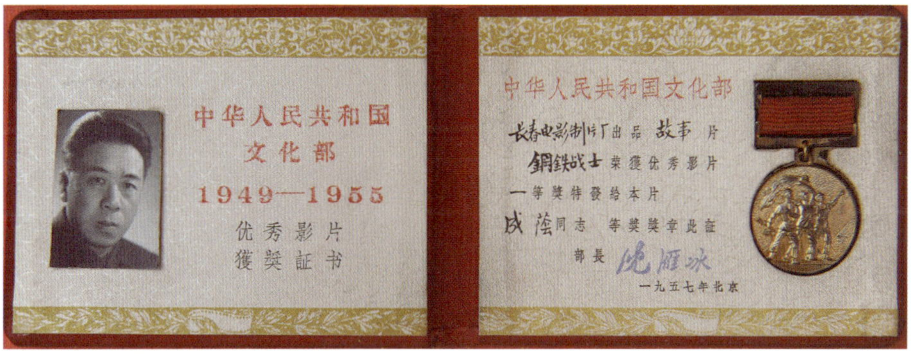

1

2

3

1 1957年，《钢铁战士》获1949—1955年文化部优秀影片一等奖

2 解放初期出版的《钢铁战士》剧本

3 《钢铁战士》摄制组合影

《荣誉属于谁》

（后更名为《在前进的道路上》）

东北电影制片厂摄制，1950

编剧：岳　野
导演：成　荫
摄影：王春泉
布景设计：徐　渭
作曲：高　田
副导演：林　农
录音：林秉成

剧务主任：敬　然
照明：王文起
置景：邵云祥
特技：张甲东
场务：张朴实
场记：华永庄
剧务：吴健民

音响：阮复山
道具：苏云鹏
化装：王士儒　杨士雅

服装：项玉环
洗印：李存邦　钱仲选
剪接：高仲伟

演奏：东影管弦乐队
指挥：尹升山

演员：鲁　非（饰罗　真）　高　平（饰刘四）　凌　元（饰罗　母）　张　平（饰党委书记）
陈　戈（饰何仲光）　章　薇（饰江慧）　赵迺茹（饰陈正标）　黄若海（饰武局长）
毕联录（饰金　康）　路　明（饰罗存玉）　李万成（饰张主任）

1950年，东北电影制片厂拍摄了一部故事片《荣誉属于谁》：两位战场上曾并肩战斗的老战友，解放后在铁路战线工作时，因思想观念和管理方式的不同，产生了冲突。最后，学习苏联的先进思想战胜了保守的旧思想。

影片经过宣传部、文化部等多家单位分头审查，得到一致肯定，顺利公映。但上映不久，各家电影院突然贴出了停映告示。观众不明内情，只是听说影片的内容有问题。就这样，这部影片“荣幸”地成为新中国电影史上第一部因内容“有问题”而被明令禁映的影片。（节选自易凡、紫卉：《“禁映影片”的禁映内幕》）

中华人民共和国成立后我编剧的两部作品都是大起大落，电影《荣誉属于谁》和话剧《同甘共苦》。《荣誉属于谁》从剧本开始就受到称赞，波儿（陈波儿）同志特别喜欢家庭中发生的两场戏。当时成荫同志刚拍完《钢铁战士》，接着又拍《荣誉属于谁》。他那一年拍了两部，很高产。他熟悉咱们的干部，另外在解放区第一批导演中他拍得算是比较多的了。在《钢铁战士》之前还拍了《回到自己队伍来》等已有些经验。1950年4月，我写出剧本，他看了之后，愉快地接受了。波儿同志还指定陈戈同志主演，我们三人便一起到了东影。刚到东影，成荫就因盲肠炎住院了，我们等了一段时间，他一出来就投入拍摄的准备工作。首先是对剧本进行了修改加工，每场戏甚至连对白都经过我、成荫和陈戈同志反复推敲才敲定下来。剧本定稿后，很快投入拍摄。影片拍摄工作我没参加，详情不了解。但我知道成荫拍戏组织能力强，工作起来有条理，他这一特点是很出名的，因此，拍摄进行得很顺利。尽管为了拍雪景到东北哈尔滨出外景，冬季零下30多摄氏度，但他们克服了很多困难，很快拍摄完毕。影片拿到北京审查时，也受到了较高的评价，在当时26部影片中还算是比较好的。我记得最清楚的是胡乔木同志在电影局放映室（当时在羊市大街），看完影片之后非常兴奋，他当时坐在前面，波儿、袁牧之同志陪同，他看完之后没有走，对波儿同志说："作者是谁呀，我认识认识这位作者。"波儿同志就从后头把我叫过去。当时他说的话我记得很清楚。他说："岳野同志，这个片子值得一个勋章啊！"那天成荫同志没在场，后来《文艺报》等就准备组织文章。期间，中央知道了一部表现干部的好影片，就调到中南海去看。不曾料到却出了大问题，当时我已经到上海去写另一个本子，传达意见时我不在家。接着就得到通知，"新片展览月"抽下了这部片子，宣传也停止了。我回来以后，别人告诉我，"传达"了毛主席的指示，说这部片子有严重问题，不

《荣誉属于谁》工作照

東影通訊

一九五一年
一月廿二日出版
第一三九期
僅外得不物刊內廠

總結

「榮」組業務總結
——導演成蔭同志報告摘要——

一、劇本方面：

二、導演方面：

從「榮」組總結談起

1

中央電影局東北電影製片廠出品·故事片

黑板報材料

一九四九年冬，我國正處在經濟恢復時期，東北某城的東江車站，經常發生堵塞，影響了列車的運轉。後來，由於鐵路分局副局長到現場仔細研究並結合了群衆的智慧，在黨的支持下，向保守自滿的鐵路分局局長的脫離實際的領導方法，作了一系列的鬬爭，在原有的基礎上，學習了蘇聯的先進經驗，改進了調車法，終於解決了東江車站的堵塞問題。

影片就是着重地描寫鐵路領導幹部在解決車站堵塞這一問題上的兩種不同領導思想和作風的尖銳鬬爭。批判了保守思想和驕傲自滿對國家經濟建設的危害；也指出了只有虛心學習、緊密聯繫群衆才能克服在前進道路上的困難。

在前進的道路上

說明書

2

1 《荣誉属于谁》业务总结
2 《荣誉属于谁》修改后说明书，已更名为《在前进的道路上》

准上映了。用那时我们的话说就是“枪毙”了。这当然有很大震动，对我、对成荫都震动很大。但波儿同志、袁牧之同志一直态度很明确，他们说这部影片从剧本到拍摄责任都不在创作人员，他们堪称领导创作的表率。有些领导一到这时就往后退，把责任全部推到创作人员身上。波儿同志不是这样，她说这个责任全不在创作人员，而在艺术处领导。因为这部片子从组织剧本到拍成影片，一直都是我们领导的，我们没发现问题，没提出问题，当然我们做领导的应负责任。当时提出的主要意见是：第一，荣誉属于谁？是否属于苏联先进经验？荣誉应当属于中国共产党，属于毛主席。第二，不能以家庭父母代替党的领导。主要指妈妈劝说女婿、儿子不要老闹“别扭”（其实是思想、工作意见不同）那场戏。另外如对爱情的描写则认为一个老干部不可能爱上一个小知识分子，并“上”到很高的“纲”上，很吓人，简直是不得了的事情。1953年下半年，有次开完会之后休息时，蔡楚生同志（当时电影局副局长）找到我说：“岳野，告诉你个好消息，主席最近说了话，说《荣誉属于谁》你们为什么不演，可以改一改嘛！”这就证明主席也没有彻底否定这部片子，他说可以改一改嘛。事情已经过了四年，他又想起了这部片子，没看见这部片子公映，才重新提出的。这就证明江青传达的不完全是主席的意见。1954年陈荒煤同志已到电影局当副局长，就根据主席这句话，便又让已任电影局艺委会秘书长的成荫同志脱产重新回长影组织班子，修改片子。修改之前，先由我修改本子，那很有意思。那次我真学到了本事，受了教育。当时影片都已经拍出来了，有的戏重拍可以重写，有的就是对口型，改台词。台词原来说的不是这个意思，而要一句一句数着字数填写上另外的意思，真不容易。四年之后，重新把演员集中起来改片子。那时高岗问题已出来，就避开，不叫《荣誉属于谁》，改名为《在前进的道路上》。当时成荫很发愁，演员都变了样了，四年之后，好多演员都胖了，很难衔接了。但成荫同志最大的特点是你只要提出要求，提出规格，他总是按时完成任务。

这部片子的公案1954年已经了结，后来历次运动没完没了地批判甚至斗争，这是不对的。“文化大革命”中在“黑帮队”里，我和成荫床挨床，悄悄地说：当时向苏联学习是毛主席号召的，当时还说有些苏联先进经验认识不到的照搬都可以，因此当时歌颂了向苏联学习。但是，时隔多年却用反修之后的观点反我们，我们的思想没法通，冤哉枉也！1954年以后，剧本修改了，影片修改了，当时任中宣部部长的习仲勋同志审查后说，很好，《在前进的道路上》片名也很好，很说明问题，便通过上演了。（节选自岳野：《有关影片〈荣誉属于谁〉的情况》）

1950年上半年，岳野完成《荣誉属于谁》的文学剧本后，成荫很快就投入了自己第一部也是当时极少反映现实生活题材影片的拍摄。

成荫在拍摄第三部故事片《荣誉属于谁》时，他对电影已相当熟悉，开始从各方面注意体现电影的特点，从环境的设计到演员的表演都很强调真实。（节选自舒晓鸣：《对成荫同志现实题材影片创作的思考》）

1951年3月24日，周恩来在中南海西花厅召集中宣部、文化部和电影界负责人沈雁冰、陆定一、胡乔木、阳翰笙、丁燮林、周扬、夏衍、江青、袁牧之、陈波儿、蔡楚生、史东山等开会，研究加强对电影工作的领导问题。以《荣誉属于谁》和《武训传》两部影片为典型，教育电影工作干部、文艺工作干部和观众。由中宣部与中央电影工作指导委员会于4月召开座谈会，对上述两部影片组织讨论和批判。（节选自李道新：《成荫在1953》）

《荣誉属于谁》一片完成后颇受好评，列为“新片展览月”展出影片之一，这是合乎常理的：不论用“政治标准第一”的原则，还是用“社会主义现实主义”的原则来衡量，都谈不上有重大错误，都应当肯定在当时来说是一部创新的、有积极意义的好作品。

这是成荫向现实题材发起的第一次战役，也是成荫在电影创作生涯中第一次挫折。

1950年成荫在拍摄《荣誉属于谁》时，并没有充分的思想准备和理论准备。碰壁之后他变得深沉了，但并不消极。作为一名有明确追求的艺术家，不会轻易放弃自己的探索。（节选自马德波：《电影与真实》）

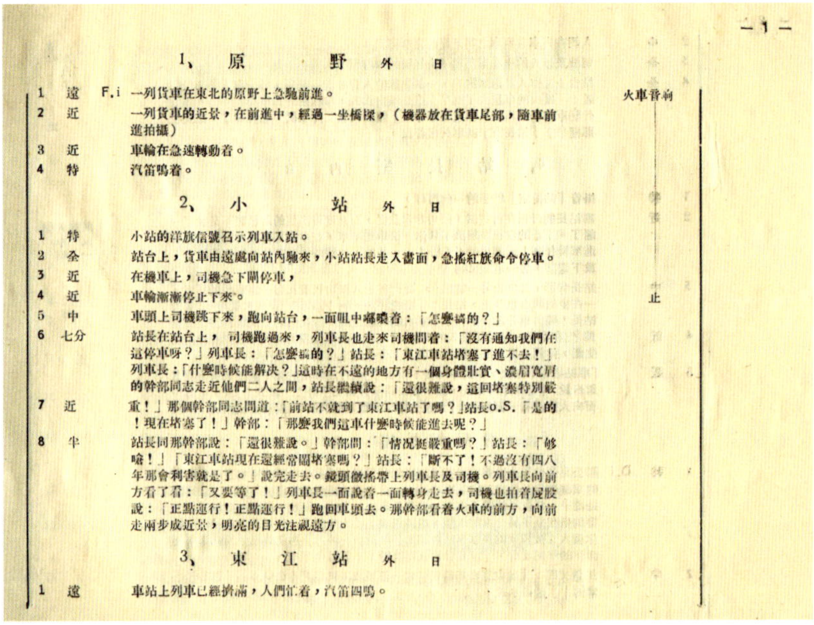
— 1 —

1、原　野　外　日

1 遠 F.i 一列貨車在東北的原野上急馳前進。 火車音响
2 近 一列貨車的近景，在前進中，經過一坐橋樑，（機器放在貨車尾部，隨車前進拍攝）
3 近 車輪在急速轉動着。
4 特 汽笛鳴着。

2、小　站　外　日

1 特 小站的洋旗信號召示列車入站。
2 全 站台上，貨車由遠處向站內駛來，小站站長走入畫面，急搖紅旗命令停車。
3 近 在機車上，司機急下閘停車，
4 近 車輪漸漸停止下來。 止
5 中 車頭上司機跳下來，跑向站台，一面咀中嘟噥着：「怎麼搞的？」
6 七分 站長在站台上，司機跑過來，列車長也走來司機問着：「沒有通知我們在這停車呀？」列車長：「怎麼搞的？」站長：「東江車站堵塞了進不去！」列車長：「什麼時候能解決？」這時在不遠的地方有一個身體壯實、濃眉寬肩的幹部同志走近他們二人之間，站長繼續說：「還很難說，這回堵塞特別嚴
7 近 重！」那個幹部同志問道：「前站不就到了東江車站了嗎？」站長o.S.「是的！現在堵塞了！」幹部：「那麼我們這車什麼時候能進去呢？」
8 半 站長同那幹部說：「還很難說。」幹部問：「情况挺嚴重嗎？」站長：「够嗆！」「東江車站現在還經常鬧堵塞嗎？」站長：「斷不了！不過沒有四八年那會利害就是了。」說完走去。鏡頭徵搖帶上列車長及司機。列車長向前方看了看：「又要等了！」列車長一面說着一面轉身走去，司機也拍着屁股說：「正點運行！正點運行！」跑回車頭去。那幹部看着火車的前方，向前走兩步成近景，明亮的目光注視遠方。

3、東　江　站　外　日

1 遠 車站上列車已經擠滿，人們忙着，汽笛四鳴。

1

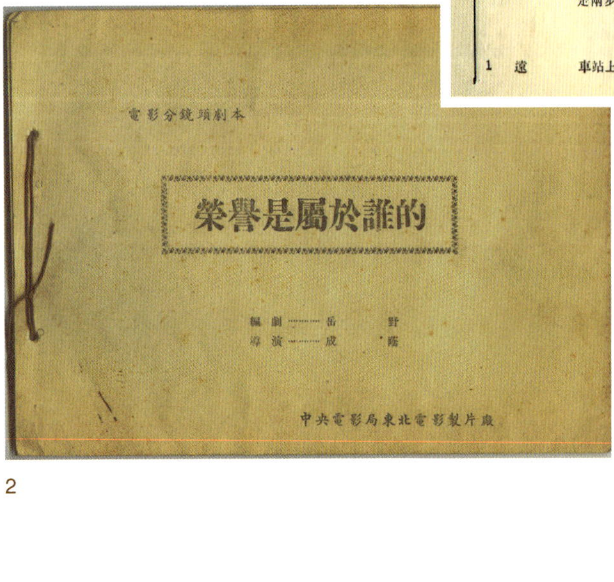

2

1、2 《荣誉属于谁》分镜头剧本

《荣誉属于谁》剧照

1

3

2

1 《荣誉属于谁》工作照
2 《荣誉属于谁》剧照
3 《荣誉属于谁》摄制组全体成员合影

1951—1956

电影局艺委会时期

参加第六届卡罗维发利国际电影节

1951年7月，成荫随史东山为团长的中国电影代表团参加在捷克斯洛伐克举行的第六届卡罗维发利国际电影节。

电影节授予《钢铁战士》三大主要奖中的和平奖，并给予了这样的评语："因其对中国人民不屈不挠的精神力量作了艺术地和动人地描绘，他们为了保卫和平，正在进行坚决、自我牺牲的斗争。"

1

2

1 《钢铁战士》荣获1951年第六届卡罗维发利国际电影节和平奖

2 中国电影代表团与部分国外代表合影（前排左三为史东山、左五为张水华、右四为成荫）

1

2

1 中国电影代表团步入会场
2 中国电影代表团与会期间研究国外影片（左起：成荫、张水华、史东山、郑君里、刘德源）

1

2

1 电影节评委会主席勃罗西尔教授（左）祝贺成荫获奖

2 《钢铁战士》获奖后受到国外同行的祝贺（右二为苏联电影部副部长谢缅诺夫，左二为《金星英雄》导演莱兹曼，左三为导演郑君里，右三为成荫）

《南征北战》

上海电影制片厂摄制，1952

编剧：沈西蒙　沈默君　顾宝璋
导演：成　荫　汤晓丹
摄影：朱今明　顾温厚
美术：韩　辛　陈波生
作曲：葛　炎
录音：苗振宇
剪辑：陈　曦　陈祥兴
军事顾问：王　晓

副导演：张　望　王　炎　王　力
制片主任：张芳青
剧务主任：祝宏纲
装置设计：韩尚义
配音：薛志昌
洗印：查瑞根
造型：达　旭
特技：戈永良

特技摄影：陈渭沧
摄影助理：沈维康　张宏康
　　　　　鞠　蔚　邱以仁
照明：何庚年　方鹤鸣
录音助理：赵　斌　周恒良　刘广阶

背　景：罗雨秋
装置助理：徐克己
置　景：马云宝
特技助理：周家生　戴金生
化　装：蒋幼安　周梦蕾

场　记：邓逸民　陈　默
剧　务：赵小亭　王　云
服　装：支　光
道　具：翁世涛

演奏：上海市人民交响乐团　上海人民军乐团
指挥：黄贻钧
演员：陈　戈（饰师　长）　汤化达（饰师政委）
　　　冯　喆（饰高营长）　潘文展（饰教导员）
　　　王　力（饰刘团长）　刘沛然（饰张连长）
　　　天　然（饰指导员）　张瑞芳（饰赵玉敏）
　　　王　琪（饰陈海德）　铁　牛（饰李　进）
　　　仲星火（饰刘永贵）　强　明（饰王　春）
　　　孙永平（饰丁宝山）　陈　戈（饰战士甲）
　　　李保名（饰战士乙）　布加里（饰赵大娘）
　　　张鸿眉（饰二　嫂）　张　晰（饰妇女甲）
　　　崔玉梅（饰妇女丙）　白　穆（饰敌军参谋长）
　　　阳　华（饰敌李军长）
　　　王声振（饰机枪助手）　张庆芬（饰永贵妻）
　　　刘　兵（饰柱　子）　安　利（饰妇女乙）
　　　项　堃（饰敌张军长）　穆　宏（饰敌高级指挥官）
　　　董　霖（饰敌军官）
　　　茅　茸（饰敌军官）　黄二彭（饰敌军官）
参加演出：孙道临

1951年我被调到电影局人事室工作，电影局各处室在一个小院里办公，与袁牧之接触多了些。恰好这时由史东山率领参加捷克斯洛伐克第六届卡罗维发利国际电影节代表团归来。中国的《钢铁战士》《白毛女》《新儿女英雄传》等影片均有获奖。我搭着袁牧之的车去机场迎接代表团。一路上他给我讲有关拍电影的知识，我现在清楚地记得是他讲的有关成荫的事。他说对成荫，开始是从后面推着他，之后是从后面拉着他，并用手势比画着“推”与“拉”的动作，又说准备建议成荫与其他导演共同研究一些创作上的问题，共同发表

1

2

1　成荫使用的《南征北战》工作台本
2 《南征北战》拍摄工作现场

《南征北战》剧照

意见，接着又说，现在已经给他准备好了一个剧本，是《南征北战》，他有战争生活，适合他拍，准备让他去上影拍，可以接触广些。（节选自申伸：《袁牧之——一位令我永远怀念的人》）

影片投拍前，我就曾以副导演身份随成荫导演两次到总参谋部会见总参谋长粟裕。江青那时担任中宣部电影处处长，她为我们引见了粟裕。第一次，粟总长给我们谈了当年华东战场的军政态势。这对成荫掌握全局，对修改剧本起了很大很好的作用。第二次，粟总长看了《南征北战》的军事预算，要求我们要节约"每一分钱"，要爱护部队和群众，减少参拍部队和群众的数量，以免影响生产、影响部队正常工作。还提出了改动剧本具体的建议，要求免去修筑弥河大桥的情节，以节约投资。（节选自王炎：《一个导演的自述》）

《南征北战》是体现毛泽东军事思想的重大题材，各方面关注的人特别多，意见都集中到摄制组。有的意见使人难捉摸，有的意见互相矛盾，使摄制组为难，因此，摄制组花很多时间修改本子。等组里来自全国各地的演员到齐以后，大家根据角色和对戏的发展又提了意见。这些意见很值得思考，又花时间去改。结果必然是规定的拍摄时间被硬挤掉了，只好分成两个组，两套创作班子共同完成它。所以真正紧张的开拍前准备工作，还是两套班子全了以后开始的。（节选自汤晓丹：《路边拾零》）

成荫选了王炎、张望、王力三位来自解放区的同志做副导演，扮演解放军各级指战员的演员中，就有十三位曾做过部队文工团团长，从国统区来的演员则有冯喆、项堃、白穆、穆宏、张鸿眉、张庆芬和我。负责摄影、美工、录音等技术部门的，清一色是上海电影界的著名技师。我感觉在组里成荫像酵母，把两支经历不同的队伍糅合在一起，共同发酵成一个整体，并且经过时间的检验，这是一个烘制得很好的"大面包"。

记得摄制组刚一成立，成荫和全组人员第一次谈话的时候就提出，要求各部门注意时代气氛和生活真实，并在创作规划中落实下来。他当时也谈了他的"导演阐述"。为了感受时代气氛，他特别提出要深入生活，从生活中找到创作的依据。（节选自张瑞芳：《他给我一把探索的钥匙》）

摄制组内部又进行了严密的分工：以文武全才著称的成荫、富有领导经验的张望（副导演）、著名摄影师朱今明为一组，主拍我方及其他方面的重头戏；另一组是以我的师傅汤晓丹为首，我和较年轻、但有经验的摄影师顾温厚为成员，主拍敌方、敌我战斗及其他群众场面。但我们的分工是灵活的，既能一分为二也能合二为一。当拍摄那些较难啃的场面时，就需要我们在一起研究镜头和分切镜头了。我们头一批样片拍完了，成荫让我把样片送往北京的艺委会审查。放样片的那天，人来得真不少，放完后他们都出乎意外地大吃一惊："咦！这成小个子和汤晓丹气魄不小呀！"（节选自王炎：《一个导演的自述》）

成荫同志对创作是精益求精一丝不苟的，特别是在人物的刻画上，对人物形象、人物性格要求很严格，从我军指挥员到战斗员，从营长、连长和众多的战士，都要做到人各有貌，有各自的性格，并要求通过表演、语言、化装、服饰诸多方面体现出来，真实地反映出时代气息。他不仅在我军人物的群像上不断琢磨，就是对敌方人员也都要求表演上达到生活化、真实，不容任何夸张的表演，不容人为地搞脸谱化的东西。如张军长和李军长，他们都是国民党的实力派，但这两个人物性格上又有鲜明的对比。张军长是国民党将领中盛气凌人的少壮派，李军长则老奸巨猾、老谋深算，傲慢而自以为是，从他们不同的性格中展示矛盾，以揭露敌人之间的钩心斗角、明争暗斗的丑恶勾当。成荫同志要求演员恰如其分地从人物和各自不同的心理状态出发，通过情绪、形体、动作体现出来。

《南征北战》剧照

103

《南征北战》剧照

他常说："任何人物夸张过了线，一切艺术的真实，前功尽弃。"这是他处理人物的一个总纲，也是他严格遵循的革命现实主义的创作方法。

成荫同志的案头工作做得很细致，他的分镜头剧本一旦定下来后，很少修改，保证了拍摄工作顺利进行，这是他深思熟虑的结果。他不仅自己心中有数，而且要使大家，尤其是主创人员心中有数。他从不盛气凌人，把自己的意图强加给合作者，而是充分探讨，追寻出最富表现力的拍摄手段，以达到理想的银幕效果。（节选自朱今明：《难忘的合作》）

他不好为人师，从不以师者的姿态出现。他总是很尊重别人，在创作上，他能从你的想法中提炼出好的、有用的东西来，然后再给予你，充分发挥你的创造性和主动性。所以，没有一个演员觉得跟他合作紧张，大家都感到既自由又离不开他。他确实能给你很大帮助，他能告诉你从哪方面去发挥你的想象力，指导你向正确方面去用劲。（节选自项堃：《他令人信服、难忘》）

在指导冯喆扮演高营长时，导演对他说："你要记住，解放军战士首先是穿了军装的农民。"以此来启发演员从根本上掌握人物的气质，冯喆认为这句话不但帮助他演好一个具体的角色，而且使他在美学上得到了终生启迪。（节选自倪震：《成荫的艺术道路》）

《南征北战》不仅拍得艰苦，而且险情丛生。因为当时拍片时用的炸药都是真的，雷管也都是用紫铜做的。拍摄时为防止意外，相关人员都要在埋炸药的地方画上保险圈。尽管如此，摄制组还是作了最坏的打算。结果拍摄时，战士们毫发无损，倒是当过多年兵、并且从未负过伤的导演成荫挂了彩，腿上被弹出的雷管崩了两个小窟窿。

《南征北战》的拍摄合作是默契的、亲密的、艰苦而愉快的。令大家欣慰的是，当年几座无名的山峰，因拍摄了《南征北战》，而今真的被称为"摩天岭""凤凰山"了。（节选自王炎：《一个导演的自述》）

《南征北战》在体裁样式上与其他一些革命战争题材

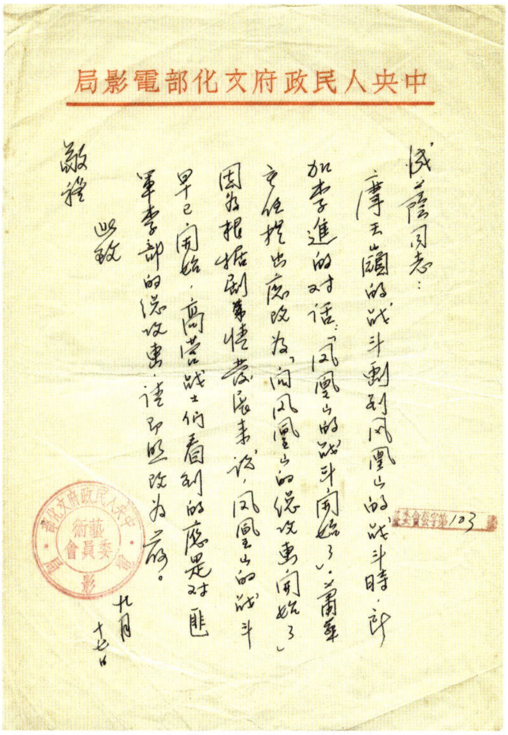
中央人民政府文化部电影局

成荫同志：

摩天岭的战斗到凤凰山的战斗时，郎加李进的对话："凤凰山的战斗开始了"，萧华主任提出应改为"向凤凰山的总攻击开始了"，因为根据剧本情节来说，凤凰山的战斗早已开始，高营长战士们看到的应是对匪军李部的总攻击，请即照改为荷。

此致

敬礼

九月十七日

艺委会字第103号

中央人民政府文化部电影局艺术委员会

1

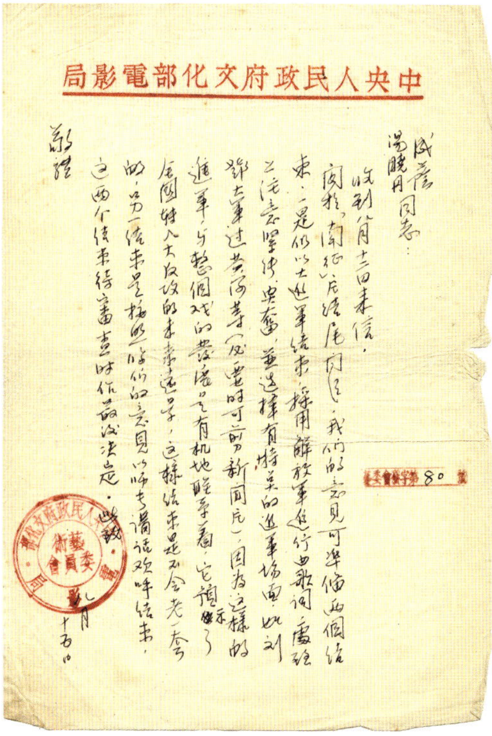
中央人民政府文化部电影局

成荫、汤晓丹同志：

收到八月十四日来信，关于《南征北战》片结尾问题，我们的意见可准备两个结束：一是仍以大进军结束，采用解放军进行曲歌词处理之后[illegible]，并选择有特点的进军场面，如刘邓大军过黄河等（见要时可剪新闻片），因为这样的进军，与整个戏的发展是有机地联系着，它体现了全国转入大反攻的形势，这样结束是不会老一套的。另一结束是按照你们的意见以师长讲话欢呼结束，这两个结束待审查时作最后决定。

此致

敬礼

九月十五日

艺委会字第80号

中央人民政府文化部电影局艺术委员会

2

1 电影局关于修改影片内容的信件

2 电影局有关领导对影片的修改意见信件

的故事片不同，它是一部高视点的宏观角度、全景式地把握革命战争的英雄史诗。它主要通过广阔丰富的战斗生活和宏伟壮观的战争场面，描绘出一幅波澜壮阔的革命战争的历史画卷。在现代电影中，史诗片是一种重要的影片样式。（节选自钟大丰：《史诗·群像·电影观》）

……大体说来，这就是我认为《南征北战》在政治上和艺术上所达到的主要方面。那么，它所没有达到的方面是什么呢？

作为一部故事片来要求，《南征北战》还缺少一些最必要的东西，这就是故事的情节和情节所必需的真实的人的思想活动。照现在的影片看，部队在桃村牵制敌人、在摩天岭打阻击战和又返回沙河南岸夺取将军庙车站，能不能算作故事的情节呢？不能算。因

1

2

1　1952年第10期《大众电影》以《南征北战》剧照为封面图片
2　《南征北战》剧照

为这些，都是按照战术本身发展的需要，而不是按照它所写的人物自身发展的结果。

在描写我军的领导方面，也是《南征北战》中比较薄弱的一环。主要是我们基本上看不见师的指挥部在执行这一战略方针（实际上是战役计划）中，究竟克服了什么困难。部队从游击战转向运动战，在军事指挥上也带来了一系列新的问题。敌人的装备优良，并不只是说一句“我们的两条腿要跑过敌人的汽车轮子”就能解决的，师长骑着马，也是跑不过汽车轮子的。因此这中间师指挥部的任务并不只是发指示，只作战前或战后的鼓动，而是有着一系列的艰难的工作。

最后，如果按照作为表现战略思想的、带有纪录性的影片的要求，《南征北战》还需要有更高级的、能够体现整个中国战场形势的高级指挥部出现。自然，最理想的是能够表现毛主席。因为目前在电影艺术上还有不可能克服的实际困难，但也应该有比现在更高级的指挥部出现。按现在的影片说，出现了敌人两个军长和一个集团军级的高级指挥官，因他们的战略部署上的失算，我们可以从影片中直接感觉到。我军的最高领导只写到师长，这就不容易表现出我们的整个战略部署。

……把这两方面凑在一块说，便是因为《南征北战》侧重从军事方面去说明战略思想，却没有艺术地动人地去表现这一战略思想得以最后实现的人，因而它就没有戏。但是作为一部故事片，它应该有戏呀！

（节选自钟惦棐：《电影〈南征北战〉所达到的和没有达到的方面》）

《南征北战》摄制组总结纪念合影

中国电影工作实习团

为了学习彩色故事片的拍摄和制作，填补中国电影这方面的空白，1954年文化部电影局从电影部门和几个电影制片厂调集创作人员和技术人员，组建了由电影局技术研究室主任汪洋，电影局艺委会秘书长成荫，东北电影制片厂何文今、吕宪昌、张尔瓒、朱革，北京电影制片厂王希钟、刘鸿文，上海电影制片厂朱今明、钱江、朱德熊、池宁、王雄，北京电影洗印厂周从初和夏惜芝，专业翻译郑国恩、关胜多、王兆麟、白燕茹、李甸秀的赴苏实习团。这个实习团由汪洋任团长，成荫任副团长，出国前在文化部电影局进行强化政治和俄文的集训。他们大多是已有一定成就的导演、摄影师、美工师、录音师，和有经验的洗印、化装、置景方面的技术骨干。（讲述者：王雄 文：谭璐）

1954年秋，我授命带队中国电影工作者赴苏实习团到莫斯科电影制片厂访问、学习，我当团长，成荫为副团长。

王阑西、陈荒煤召集了局务会议，研究讨论确定了我们实习的主要任务，并报经文化部对外文委和外办批准。

此行具体任务是：

第一，学会彩色片的全部摄制过程，回国后要能自己拍摄和洗印彩色影片。在技术方面，还要学会苏联的特技、活动马斯克布景设计和置景的工艺过程，录音以及宽银幕和立体声及彩色印染拷贝，等等。

第二，学习苏联制片厂的管理、创作、生产技术和行政领导经验，着重在生产领导方面，要学得越具体越好。因为过去考察团去咨询专家、阅读书本上翻译出来的东西只是一般原则上的了解，到底具体如何做，不清楚。要我们全部学回来。具体了解电影制片厂如何领导创作，剧本的审查制度如何，如何制订生产计划、怎样领导生产，摄制组的成立与摄制周期的计算方法、成本的预算，对摄制组的领导及摄制组的工作方法，各种奖金制度如何，以及如何分配，学习各种生产、行政、人事制度，搜集各种表格和了解其执行情况，即摸清他们技术管理的情况和新技术的发展动向。参加各种会议，如艺委会生产会议、调度会、创作讨论会及与制片厂审查样片、看影片等一些活动，了解苏联其他制片厂的情况和外景基地。

第三，学习苏联的创作经验，了解苏联电影发展的历史情况，深入一个摄制组学习苏联导演的创作与工作方法。同时了解其他摄制组的一些创作情况，分析和研究苏联过去和现在的一些影片，多看些在苏联放映的外国影片，了解其他一些国家电影的动向。……

成荫在莫斯科河畔

1

2

1 中国电影工作实习团全体成员出发前合影（二排右三为成荫）
2 汪洋、成荫、钱江与著名导演邦达尔丘克夫妇（前排左二、后排左一）及导演尤特凯维奇（前排右一）合影

1

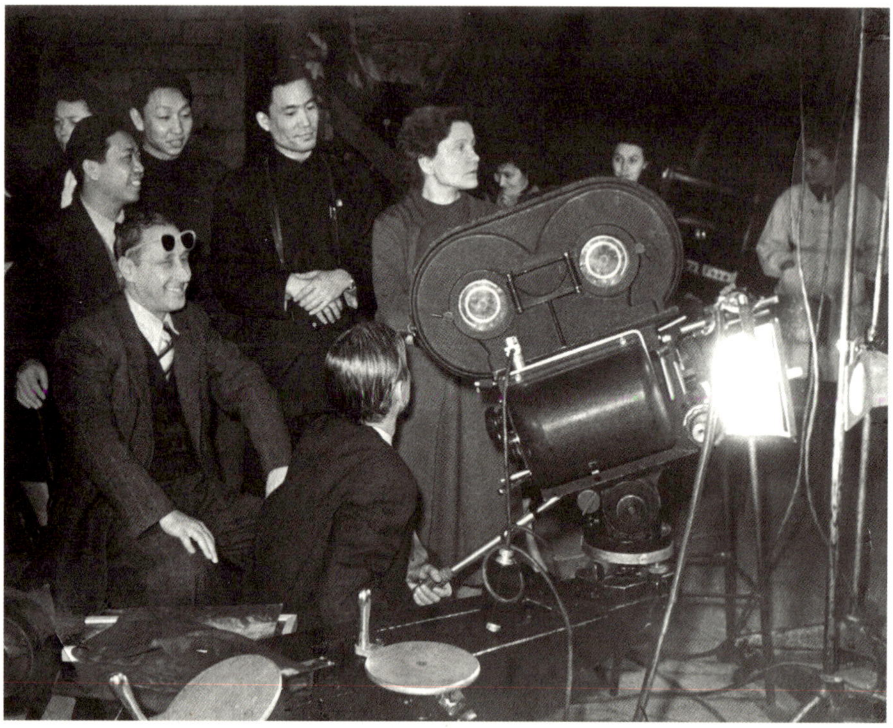

2

1　在苏联学习期间，部分人员在开会讨论中（左起：何文今、成荫、汪洋、朱今明）
2　成荫与影片《奥赛罗》导演尤特凯维奇（前排戴墨镜者）及摄制组其他工作人员在一起

成荫在《奥赛罗》拍摄现场

1

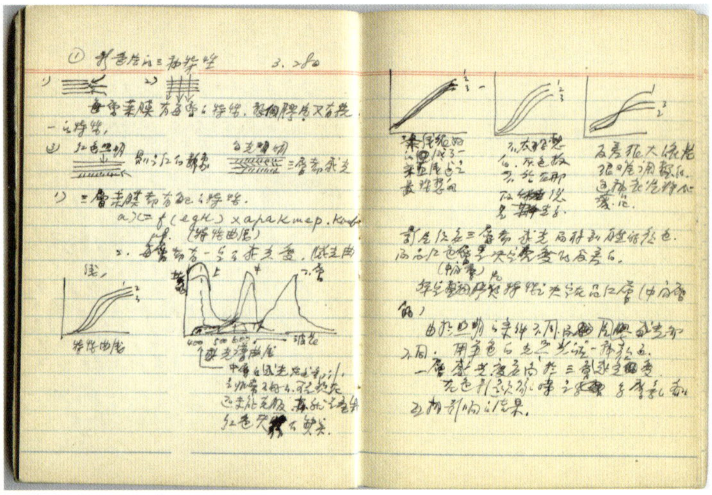

2

3

1 中国电影工作实习团在莫斯科红场参加观礼活动（左起：王希钟、朱今明、何文今、钱江、成荫）

2 成荫在苏实习期间的学习笔记

3 在苏联剧作家斯米尔诺娃的帮助下，苏方安排实习团每周到苏联著名的剧院看戏、在柴可夫斯基音乐厅听音乐会、到特列恰科夫画廊观摩藏画，给予实习团成员全面的文化熏陶

中国电影工作实习团自己起伙做饭

我们刚去时，根据苏联文化部规定，每人每月支1000卢布，国内也同意了，后来向大使馆汇报时，才知道中国在苏联的实习生一律一个月500卢布，包括一切费用在内，要我们也改过来。经请示王阑西同意，第一个月的就不再扣除，因在食堂吃饭开支较大，从第二个月起改为每人一个月500卢布，自己起伙。大概由公家买了两台冰箱，回国时移交给了大使馆。（节选自汪洋：《赴苏实习团》）

去年冬天我们到达莫斯科后，先在苏联国立电影大学听了一个月的课，这是专为我们实习团安排的课程，授课教师是苏联电影大师或电影科学技术方面的专家。我们听了著名电影导演罗姆、罗沙里、普图什科关于电影创作问题以及彩色片色彩的处理报告。在电影科学新的发展方面，有工学博士E.M.戈尔陀夫斯基教授给我们讲授了宽银幕、立体声音的制作原理。电影理论家斯米尔诺娃给我们讲了“苏联电影史”，洗印专家约菲斯讲授了彩色片的原理和彩色片洗印技术，还有其他许多大师、专家为我们讲授了彩色片摄影、照明、美术、特技、制片厂行政管理等方面的课程。在电影大学一个月的学习，为我们打下了到制片厂实习彩色片制作的初步理论基础。

非常高兴的是我们二十个人成了电影大学的第一批中国学生。

我的老师是著名的功勋艺术家谢尔盖依·约瑟夫维奇·尤特凯维奇。他曾导演了著名的《迎展计划》《带枪的人》《斯巴达克斯》等影片，他是一位非常和善的人，现在正将莎士比亚的著名悲剧《奥赛罗》搬上银幕，我参加了他的摄制组，跟着我的老师在进行着影片的布景、服装、道具的设计和选择演员、排演、试镜的工作。

我们实习团的其他同志，学习行政管理的汪洋、何文今同志，他们是最忙的一个学习单位，他们要从厂内的行政处、科、室和各车间了解行政管理和财务计划方面的经验、制度，因此他们的老师也最多。

我们的摄影师朱今明同志（《上饶集中营》《南征北战》等片的摄影师）、钱江同志（《中华女儿》等片的摄影师）和美工师池宁同志都下到摄制组里实习。

在这些日子里，我们的学习是紧张的，生活是美好的，我们的老师和所有厂里的苏联同志对我们都是那么亲切关怀，他们常说我们是六亿中国人民的代表。实习还在继续着，在苏联老师的热情教导下，我们有信心向着我们的学习目标迈进着。（节选自成荫：《我们在莫斯科学习》，《大众电影》1955年第11期）

1955年12月，中国电影工作实习团结束了在苏联将近一年半的学习。即将返国的前夕，团长汪洋宣布：根据电影局局长阑西同志的指示，我们这些人都不回各自的制片厂了，回去组建一个和莫斯科电影制片厂一样的北京电影制片厂。（讲述者：王雄 文：谭璐）

1956—1980

北京电影制片厂时期

1

2

1 汪洋(左)与成荫
2 50年代末的成荫

成立创作集体，是在电影局1956年召开的限制性会议上确定的，后因反右斗争未实现。

1958年长影正式成立了四个创作集体，他们把人员、设备、摄影棚都分到了集体里。幸好我曾到长影去过，了解一些这方面的情况。同年底，我们准备组织创作生产国庆十周年献礼影片时，提出组织创作集体便于领导创作人员，改变当时创作人员无固定的组织，而只好找个别领导的情况。经我同意，并找到何文今、王紫菲(田方不在厂，拍《风从东方来》去了)，共同研究了创作集体的任务和人员调配。

任务主要是：负责组织剧本，完成影片生产任务，培养新生力量。

我们认为，我们的创作集体不能像波兰那样成为独立的组织，创作人员也不可能完全采取自愿结合的原则。并规定：我们的创作集体在厂党委和厂长领导下开展工作，人员的安排是领导分配和自愿组合。

根据我们的创作力量，可以成立四个集体，人员的配备当时研究有这样几条原则：第一，每个集体都要有一定数量的党员;第二，照顾创作兴趣，又要强弱搭配；第三，限于导演、副导演、导演助理或场地、编辑、摄、录、美技术人员及剧务人员参加集体，每个集体人员不宜过多，其他参加摄制组人员实行双重领导。

开始还把演员、编剧也分配到集体里，也把设备和厂棚分到集体里，通过短时间的试验发现这样不行，搞得厂里调度很被动，很快就改变了，大概编剧改变得晚一些。

在研究人员时，首先确定了四个集体的主要负责人：张水华、崔嵬、凌子风、成荫。给他们配备的制片主任，因史平和张水华合作过一部《林家铺子》，所以还把他们放在一起；因崔嵬对电影业务不熟悉，他同意陈怀皑和他合拍《青春之歌》，同时他又不大管行政工作，而胡其明在《山里的人》和陈怀皑合作得较好，大家都觉得胡其明比较合适。另外就是何云和凌子风在一起，成荫和杜子合作。在摄录美方面，成荫在拍完《上海姑娘》后曾表示以后拍戏他要找高洪涛，他们合作了《万水千山》，还有吕宪昌、俞翼如也是，所以也把他们放在一起。而张水华从拍《白毛女》就想和朱今明合作，就把他分配到第一集体。池宁、蔡军是《林家铺子》摄制组的，也想排在这个集体里。钱江在长影就和凌子风拍过戏，聂晶、秦威、陈燕嬉都是《山里的人》摄制组的，就都放在第三集体，基本上是按过去摄制组已经形成的一些人员安排的，其他的导演则是根据彼此的了解、兴趣、水平高低搭配的。其他人员是由各制片主任征求集体的主要创作人员的意见后，与厂各部门协商决定的。

对于成立创作集体以及对人员的安排，我们先找了四个集体主要负责人商量，而后又找四个制片主任商量，他们同意后，又召开创作人员会议，并征求大家意见。经过讨论，大家同意成立创作集体，对任务和人员安排也意见不大。这四个集体，整风前，创作人员略有增加，除个别调整过外，人员的变化是不大的。

关于成立创作集体的问题，我们曾向市委文化部陈克寒、高戈、赵鼎新请示过，并得到他们的同意。后来经文化部电影局召开厂长会议，布置国庆十周年献礼任务时，我们又向夏衍、陈荒煤作了汇报，也得到他们的支持。（节选自汪洋：《北影四个创作集体的形成过程》）

记得在拍摄样板戏期间，江青还指示，让北影的几名创作人员——成荫、谢铁骊和我等人，到“二七”机车车辆厂去体验生活。

到“二七”机车车辆厂后，我们和工人师傅一起生活工作，同吃、同住、同劳动，并接受工人阶级的再教育。所谓同吃，即在一个大食堂买饭，同一桌用餐。同住，大家住在一个集体宿舍里，都是上下铺。我当时年轻住上铺，成荫年纪较大住下铺。同劳动，我们到车辆厂后，北影的几个人分别被分配到机车厂不同的工种和班组。

记得成荫被分配到女工组，在女工师傅的带领下，专门修理和擦拭火车头上最大个儿的照明灯。每天可以坐着干活，劳动量不算重，成荫能坚持。

我被分配到“安装火车头组”，跟工人师傅一起抬火车的车轮子，一个有几百斤重。用一根长的圆木棍穿到大车轮的中间，两个人一前一后抬着走。我根本就抬不起来，后来师傅为了照顾我，把车轮子拉到靠他那边，即我在前边离“轮子”两米远，师傅在后离“轮

北京电影制片厂第四创作集体											
艺术指导	导　演	摄影师	美术师	录　音	副导演	剪　辑	照　明	化　装	服　装	道　具	制　片
成　荫	谢铁骊	高洪涛	张先得	吕宪昌	赵　元	邵养珍	张海山	王希钟	孙　竦	于英泉	杜　子
	董克娜	李文化	俞翼如	刘士达	厥　文	齐玉玲	王福琛	范青山	王汝英	谢庆恒	曹增银
	魏　荣	徐孝先	陈翼云	王泽民	于　清	顾德荣	赵新鸣	冯桂香	王　峰	武振山	马少孔
	干学伟	张世澂							魏邦俊		**剧　务**
	史大千				**编　辑**						邢　榕
					杨金铭						王利勋

1956年成荫参加全国文化先进工作者代表会议

1

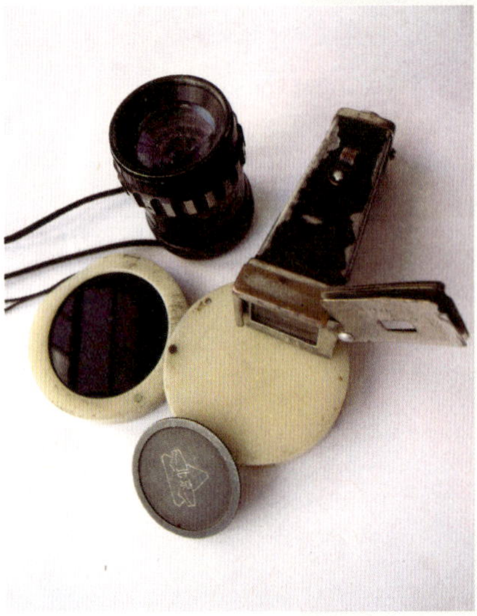

2

3

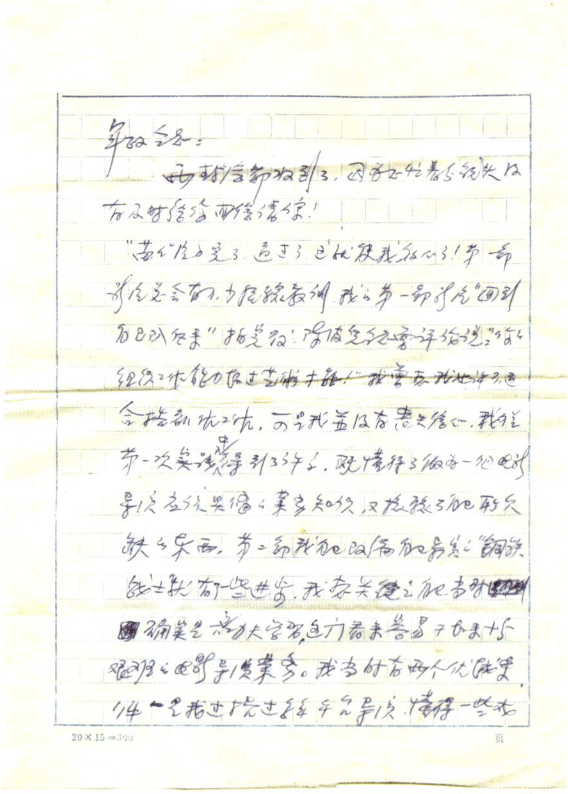
君正同志：

20×15=300 页

4

1 1956年，成荫获全国先进生产者代表会议银质纪念章
2 成荫一直使用的取景器材
3 1970年，成荫与李文化（右）、谢铁骊（左）在“二七”机车车辆厂体验生活，接受工人再教育
4 成荫回复王君正的信

子”一米远，咬牙坚持着原地抬起，但只能原地站着，不能迈步。

最后师傅一看我不能干活，就向领导汇报，怕弄断我的脊椎骨，便把我分配到成荫的女工组。正好，每天和成荫及女工们在一起劳动，有说有笑，还不寂寞。女师傅们经常鼓励夸奖我们活干得好，擦得干净，零部件安装得准确等。

女师傅们都强调说：“别看咱们这个组都是女的，少了咱们还不行呢！你看，哪个火车头都有我们劳动的成果。没有车头上的那个大灯，火车就不能走，全靠我们修好擦净的那个大灯照路呢！”

从那以后，只要看到奔驰在“二七”车辆厂的火车头，我第一眼就是看火车头上的那个大灯，而且还油然地感到有些自豪，因为那是我们劳动的成果。（节选自李文化：《往事流影》）

附：

这封信，我曾多次阅读。其中既有前辈艺术家对后辈人的关怀、帮助的谆谆教导，又有前辈人，对自己艺术上的永不满足和不懈追求、不断攀登的坦荡的艺术胸怀。

——王君正

军政[1]同志：

两封信都收到了，因为正忙着分镜头没有及时给你回信，请谅！

《苗苗》片子完了，通过了，这就使我放心了！第一部影片总会有不少经验教训，我的第一部影片《回到自己队伍来》拍完后，陈波儿同志曾评价说：“你的组织工作能力超过艺术才能！”我曾想我也许不适合搞创作工作，可是我并没有丧失信心，我从第一次实践中学到了许多，即懂得了电影导演应具备的业务知识，又检验了自己所欠缺的东西。第二部我自编自导的《钢铁战士》就有了一些进步，我想关键是自己当时确实是下了功夫，学习这门看来容易干起来十分艰难的电影导演业务。我当时有两个优越条件是我过去搞过多年舞台导演，懂得一些戏，再有我曾积累了战斗年代所经历的生活，只要掌握了导演技巧，就有可能拍好我所能掌握的片子。所以我劝你在拍这部片子后，要选择一个你所熟悉的生活方面的剧本，或者按剧本内容去深入了解生活，获得感性知识。

艺术的高低、生活的真实是个根本的问题。当然不排除技巧的新颖等形式上的追求。我不太赞成搞那些脱离生活瞎胡编的剧本，尽管有的“编”得离奇，一时能唬住观众，但经不起时间的考验。

你这部戏完了还想搞什么？要赶紧再接再厉，刀越磨越锋利，宝刀放久了也要生锈。十年浩劫把我们这一代最好的时光浪费掉了！你还年轻，要抓紧时间。我跟你合作的一段时间中，我认为你最大的弱点是比较“粗糙”，为人痛快干脆是好的，但在创作上是要下苦功的，要深思熟虑。我也有粗糙的毛病，不像水华同志那么苦苦追求，精雕细刻。你要学到一点水华同志的耐性，大概就会进步更快。

我说的不一定恰当，我想你好好总结一下，再接再厉。在选本子上要严格一点，不好不拍。我一生就吃了这个亏，经不起人家三促两促，就马马虎虎的搞了，搞完了自己也不满意。这次《西安事变》的剧本虽然我也参加了写作，实在是写得语言贫乏，人无个性，仅凭事件的真实和题材的重要，在艺术上是缺少光彩的，虽然我有了觉悟，但已骑虎难下了！

离开厂好久了，北影的事好像已经完全陌生了，有什么新的情况得便来信告我一些。

不多谈，祝你胜利！问候小马。

成荫

10月10日夜

1　即王君正

《上海姑娘》

北京电影制片厂摄制，1957

编剧：张　弦　　作曲：陈　紫　杜　宇
导演：成　荫　　副摄影：张庆华
摄影：朱今明　　服装设计：孙　松
美术：秦　威　　剪辑：傅正义
录音：蔡　军　　演奏：新影乐团
副导演：任　颖　　指挥：冯光涛

演员：安　然（饰小　李）　刘　钊（饰老　张）　杜　澎（饰王技师）　巴立华（饰林经理）
黎　铿（饰小　赵）　赵　联（饰陆　野）　李孟尧（饰田师傅）　张　目（饰小　于）
秦　文（饰淑　芬）　高时英（饰惠　娟）　刘亚青（饰小　刘）　赵子岳（饰柳师傅）
陶白莉（饰白　玫）　刘春林（饰徐同志）

1956年初，我把习作《大学毕业生》寄给了素昧平生的钟惦棐同志。在他热情的帮助下，几经修改，改名为《锦绣年华》，并由他一面推荐给刚创刊的《中国电影》发表，一面又推荐给北影厂。北影编辑部读后很感兴趣，打算接受拍摄，这时，我的短篇小说《甲方代表》发表了。汪洋同志认为改编这篇小说比《锦绣年华》更好。当他听说小说的原名叫《上海姑娘》时，兴奋地说："就凭《上海姑娘》这个名字，也值两毛五分钱！"（他的这句话，被作为"票房价值论"的典型语言，批判了二十多年）立即要我着手改编。我也就在这时认识了成荫同志。

当时，我是个22岁的业余作者，刚刚开始学写电影剧本；而成荫同志已是拍摄过《钢铁战士》《南征北战》这样的名片的大导演了。在他面前，我有点胆怯、不安。但成荫同志丝毫也没有一点权威的架子，谦和可亲。在讨论剧本时，很少说否定的话，不设框框，不提抽象空洞的要求。总是鼓励我放手写。他说："生活是你的，你觉得怎样能写出你的生活感受，就怎样写！"有时，也谈谈他的理解和想法，帮助我打开思路。初稿很快就通过了。年底，北影为我请了创作假，我在舍饭寺的招待所里，与成荫同志边讨论边改稿，只用了十来天，就完成了二稿。成荫同志看后表示满意，我的工作也就此结束，前后一共不到一个月时间。以后我写电影剧本，再也没像这次那么顺利、快当过。（节选自张弦：《成荫和〈上海姑娘〉》）

1957年，我和成荫同志又一起拍摄了影片《上海

《上海姑娘》剧照

姑娘》，那是我们从苏联学习回国后的一次合作。在苏联学习时，我们感受到苏联影片在反映当代题材方面有很大的进展，他们把镜头深入到现实生活的各个角落，反映普通人的心灵、情操和品德。如《生活的一课》《没有说完的故事》等片，颇受观众的欢迎，也开拓了我们的创作思路，给予我们很大的启示。为此，成荫同志在回国后几度修改创作计划，把他在战争年代、在敌后积累的素材和孙谦同志合作编写的《未完成的旅程》《万水千山》等剧本都暂且放下，热切渴望拍摄出反映新生活、歌颂社会主义建设中的新人的影片。张弦的短篇小说《甲方代表》吸引了他，他满腔热情地投入改编电影剧本工作中，并把《甲方代表》的原名《上海姑娘》定为正式片名。成荫这一举动引起了同行们的奚落："和尚导演入俗了！"（"和尚导演"的称呼是对成荫同志擅于驾驭战争题材，拍出具有史诗气派的革命战争影片的赞扬）成荫同志的创作思想是极为活跃的，他不甘愿当"和尚"，也要食"人间烟火"，他试图在创作上开辟新径，赶上时代的脉搏，在新的历史时期下进行探索，去触及我们过去未能触及的方面，有所追求，有所创新。《上海姑娘》是我们第一次拍摄彩色片，成荫同志仅就摄影方面的问题就和我进行许多探讨。（节选自朱今明：《难忘的合作》）

如果《荣誉属于谁》遭到批评，对于历来受到党的信任、性格开朗的成荫没有形成什么心理障碍的话，那么《上海姑娘》所带来的一场风波，则使这个党一手培养起来的导演真正感到压抑的开始。《上海姑娘》出现在1957年，从电影史的发展眼光来看，是一个重要的电影现象，是一次有意义的创新探索。它开拓了工业建设题材的新领域，是一种心理剧性质的散文电影。知识分子作为时代的新型主人公，进入了感觉敏锐的成荫的艺术视野，而且开掘的重点，是美好事物和习惯性陈见的冲突。成荫以其特有的敏锐，看出了伟大经济建设在人们心理中形成的新的冲突，开始了创作探索的新追求。令人痛惜的是，作者的这种努力遭到了粗暴的歪曲和打击。在当时，赴苏考察电影回国不久的成荫，在电影观念上接触到了世界潮流的新动向，诸如戏剧化与电影化，情节的浓与淡的处理，镜头设计和后景运用等问题，是有着新鲜见解，热切地要在实践中加以尝试和探索的。在《上海姑娘》修改剧本时，成荫已明确要求剧作者张弦不要再增加情节，而要增加细节和情趣；在指导演员时，进一步提出生活化要求；在美术造型方面，要求实现高度真实化的环境处理等。所有这一切艺术追求，在50年代中期都是接近于世界电影的探索步伐的。对于当时中国电影艺术的发展，这是非常需要、非常宝贵的。（节选自倪震：《成荫的艺术道路》）

《上海姑娘》尽管在人物形象的丰满性和思想开掘深度上存在着局限，但它却在工业建设题材从事件转向人物心理、从戏剧性纠葛转向日常生活的诗情、从外在的轰轰烈烈转向生活脉搏的律动等方面进行了一次很有意义的艺术探索。这种探索的方向与国际电影潮流中的健康发展趋向基本上是一致的。

1957年政治风暴陡起，这些探索的价值都被一笔勾销，并被当成异端。因人废言，因言废人，是政治运动中形而上学猖獗的一个特征。初露头角的年轻编剧张弦被错划成“右派”，《上海姑娘》理所当然成了“修正主义文艺思潮的遗腹子”。在1958年长春召开的电影创作思想跃进会上，对成荫同志进行批评的一句话，我迄今印象深刻：“像成荫这样敦敦实实的人，居然也被1957年的一股修正主义风刮得摇摇晃晃。”（节选自罗艺军：《谈成荫的创作道路》）

《上海姑娘》是一部表明艰辛探索的影片，在我国电影史上占有一个特殊的位置。这是第一部把青年知识分子当作社会主义建设的生力军，当作值得表彰的人物来加以描写的作品。我看过最初的双片，给人的印象是清新、明快、富于生活气息，内容健康，形式新颖，内容和形式是统一的，当时确有耳目一新的感觉。

这时，我提出第二个问题：你是如何看待影片《上海姑娘》的？这是一个不好回答的问题。因为在“文革”前，《上海姑娘》已受到批判；在“文革”中更是臭名远扬。它同“写真实论”“中间人物论”“离经叛道论”以及“人性论”等都能挂上钩。此外，还有一个最大的罪名，就是：美化知识分子，丑化工人阶级。成荫同志想了想，淡淡一笑，说：“当时，我只是想，时代变了，人也变了，上海姑娘的观念也变了。我想表现这种变化，想追求一种特有的艺术情调和生活趣味。”（节选自曹硕龙：《〈上海姑娘〉一部艰辛探索的影片》）

当《上海姑娘》影片里的一位女演员事后问成荫是否还可能再拍这类题材和艺术追求的影片时，他明确地回答：“我再也不拍了！”哪怕是一双手，如果被捆绑了很长的时间，突然松开后，一时也还不能自如地运用，更何况创作思维和创作心理这种复杂的精神活动，从长期的束缚和抑制中恢复过来，更是一个何等艰难的过程！（节选自倪震：《成荫的艺术道路》）

《上海姑娘》剧照

《上海姑娘》工作照

《上海姑娘》工作照

《上海姑娘》剧照

1

2

1 《上海姑娘》宣传画
2 《上海姑娘》摄制组合影

《万水千山》

八一电影制片厂、北京电影制片厂联合摄制，1959

本片根据同名舞台剧改编
原著：陈其通
改编：孙　谦　成　荫
导演：成　荫　华　纯
摄影：高洪涛
美术顾问：刘　仑
作曲：时乐濛　晨　耕

录音：吴汉标
副摄影：韦林玉
造型：王希钟
美术设计：张　征
剪辑：陈国强
军事顾问：陆耀海上校
制片主任：张芳清

主要演员：蓝　马（饰李有国）　黄　凯（饰赵志芳）
梁玉儒（饰罗顺成）　陈惠良（饰王连长）
白尔纯（饰小　周）　李　萌（饰李凤莲）
王纯声（饰老　周）　冯光辉（饰团　长）
刘一民（饰政　委）

中央乐团演奏　指挥：李德伦
总政文工团歌舞团合唱队演唱
总政文工团歌舞团乐队伴奏　指挥：方韧
中国人民解放军总政文工团话剧团参加演出
中国人民解放军协助演出

我曾梦想过，在我这一生，能够把革命历程中几个重大关键时期搬上银幕，在银幕上使观众看到当时历史的真实情景，是件多么有意义的工作。（《成荫笔记》）

话剧《万水千山》获得广泛赞誉，拍电影势在必行。这一任务最初下达给北影，指定因成功执导过《钢铁战士》《南征北战》而被认为擅长革命战争题材的成荫担当。此时成荫作为中国电影实习团一员，正在莫斯科电影制片厂潜心专攻宽银幕立体声影片制作，得知决定后无比兴奋。回国后，成荫立即邀约孙谦共同改编，很快写出电影文学剧本，片名为《红军万岁》，但连续两稿都没有通过，成荫改拍《上海姑娘》。直到1958年1月，《万水千山》拍摄又重新启动。

经总政治部与文化部商定，由八一厂和北影厂合

《万水千山》拍摄现场，成荫为演员说戏

作拍摄，仍交给成荫负责编剧并执导，剧本在《红军万岁》基础上修改而成，八一厂派出华纯联合担任导演。因该片先是作为大跃进要放的“卫星”，后又列入国庆十周年“献礼片”，并且决定拍成彩色宽银幕立体声故事片，两厂都投入了很大力量。总政领导也非常重视，当时的国防部副部长、中央书记处书记谭政还曾特批四架飞机，以配合影片拍摄。

正像片中所描写的红军长征历尽艰险，影片的创作也走过“万水千山”。由于二万五千里长征在中国革命史上是扭转乾坤的伟大转折，这个题材无疑具备一定史诗规模，原剧本身背景广阔、场面宏大、时间跨度较长、人物事件错综复杂，将其搬上银幕难度很大。成荫等接受改编任务以后，首先面临两种方式抉择：一种是完全忠实于原作，即把现有的舞台演出略作删减加上外景，半纪录性地拍下来。但细加琢磨后他们感到不行，因为舞台剧集中许多事件与人物在一个固定场景之中，而电影由于自身表现特点，从内容到形式都不能受这一规定过“死”的限制。另一种方式是从电影需有头有尾、当中还要连贯出发，除了把原来舞台剧各幕串接起来，就连几句话交代的内容也都逐一在银幕上加以具体表现出来，等于完整叙述长征的全过程，这样做在当时既没有能力，也脱离了原作。经再三斟酌，他们最后考虑改编电影还是应当既不离开原著本身，又不限于固有格局，以舞台剧中的人物和场景为基础，在某些需要连接的地方插上相应场景予以扩展。

这一意图确定后，成荫等又反复研究剧本、观看演出，为了使人物丰富起来，把舞台剧里的“幕后戏”发掘出来，还进一步研究了长征的历史资料，访问了杨成武等很多亲历长征的将军及有关同志，了解长征中各方面的情况，包括红军所经之地当时情景以及地方特色，甚至部队装备等细节，对长征逐渐有了比较清晰的了解，这也是后来影片能比较自由地跳出舞台剧进行再创造的重要因素。

进入实际创作阶段，怎么表现的问题又凸显出来。原剧为适合舞台演出，把长征途中的许多事件分别集中在较小的固定场景之中，第一幕由娄山关战斗开始，第二幕过彝族区，第三幕过大渡河安顺场，第四幕在毛尔盖，第五幕过草地，第六幕攻取腊子口。改编电影既要涵盖这些内容，又须适当打破时空局限，围绕几个主要人物展开必要背景。他们最初打算写成上下两集，其中上集包括两进遵义、四渡赤水、突破乌江、佯攻贵阳、经云南进入四川彝族区等。为了表现长征不只是路程艰苦，主要在于同敌人进行军事斗争，还在戏中设置了一个敌人高级指挥部，除蒋介石没露面，何应钦等国民党高级将领都出场了，以此连接红军的行动。初稿出来后感到这样来写敌人，不仅有失深刻，而且与影片整体所表现的内容很不相

《红军万岁》剧本

《万水千山》工作照

称，我方只是一个营在活动，如果相对应再写我们的高级指挥部就更复杂了，必然牵涉到内部两条路线斗争等方面。相形之下，上集显得庞杂且问题很多。下集以原剧四、五两幕的内容为主，着重写爬雪山、过草地，则比较集中，并且已能反映红军的艰苦奋斗、阶级友爱、坚强的意志、高度的革命英雄主义气概和乐观主义精神，可以完成揭示主题的任务。他们几经权衡最后决定就拍下一集。

应当说，影片创作从一开始就不得不避开对长征进行整体把握，总体上没有突破原著"以小见大"的格局，以摆脱敌人围追堵截和克服自然条件困难，取代对人物内心的深入剖析和内部各种矛盾的揭示，必然影响对长征这一伟大历史创举的全面而准确地表现，从而削弱影片所应达到的思想和艺术水平。就连成荫自己也不很满意，无论当时总结还是后来回顾该片创作，他都一再表示"没有赋予比原著更高的思想性"，改编时"挖不进去"，"这是我们政治思想水平不高所致"。其实问题关键还在于客观条件局限，当时在创作上正面接触重大党内斗争尚属禁区，并对反映红军长征有"不成文"的规定：在世中央领导同志不能上银幕，并且只能写到团长一级，这样涉及路线斗争最为集中的"遵义会议"就很难反映，况且有关会议的具体情况及细节那时也不清楚。当年周恩来总理看过影片曾说："现在的《万水千山》实际是个下集，它反映的是遵义会议开始以后的故事。希望把上集快点拍出来，这样毛主席亲自领导的二万五千里长征在银幕上就得到完整的反映，才能全面体现'长征是宣言书、长征是宣传队、长征是播种机'的伟大意义。"八一厂为之专门组织创作了以"遵义会议"为中心的长征题材剧本，剧名就叫《伟大的转折》，报送总理办公室审看，但后来周总理意见也还是暂时放下。

尽管受到诸多制约，成荫等在创作中仍然尽量发挥电影艺术的特长，将红军长征途中所经历的种种艰难困苦，直观形象地呈现在观众面前。影片虽只选取了话剧中"毛尔盖"和"过草地"两个板块，但通过飞夺泸定桥和过雪山前后内容的增添，把重场戏串联起来，使之具有一个相对集中而完整的情节线索。同时紧紧抓住人物形象塑造和人物命运演变这个关键，充实了李有国、赵志芳、罗顺成以及老炊事班班长父子等红军指战员的描写，使原著的深度与厚度得到显著增强。艺术表现上则努力通过淡化人物性格冲突、突出自然环境矛盾、弱化原作戏剧性、减少舞台痕迹，达到向生活化靠拢，追求独特的诗意风格，并且借助时空转换优势和摄影、造型手段，真实展示人物所经历的对敌战斗激烈严酷与自然环境奇特艰险，衬托长征壮举的悲壮气魄与史诗色彩。摄制组人员坚持实地拍摄，沿着红军长征道路，跋涉四千多公里，在气候瞬息万变的恶劣环境中，付出了长达15个月的艰辛劳动，终于绘就这幅凝聚红军战士鲜血和生命的激动人心、气贯长虹的历史画卷。（节选自朱安平：《〈万水千山〉拍摄经历》）

在影片《万水千山》中，红军飞夺泸定桥的英勇场面，就在实地拍摄的。把铁索桥上的木板抽掉，在千丈之下大渡河水波涛滚滚的险境中，扮演红军战士的演员们从铁索上一步一步地爬过去，直扑被敌人烧成火海的桥头堡。这种历史性场面的电影再现，没有真实地点和真实的铁索桥，它的史诗般的说服力和悲壮感是无法达到的。（节选自倪震：《成荫的艺术道路》）

成荫在拍摄《万水千山》时，出现了极其明显的理论与实践脱节、作品与理论相反的状况。在影片拍摄之前，他写了《曲折些、复杂些、深刻些》一文，明确地指出："长征不仅是与敌人作斗争，与自然作斗争，在我们内部也有严重的斗争。"可是作品中既没有内部斗争，也没有敌我斗争，只剩下和自然斗争了。像长征那样艰苦卓绝的行军，却又不能表现我军的牺牲。这种理论和实践相悖的状况，也是一系列"不成文法"造成的。（节选自马德波：《论成荫的电影理论与实践》）

《万水千山》剧照

1

2

1 《万水千山》剧照
2 《万水千山》工作照

全国故事片创作会议

1961年6月，中共中央宣传部和文化部，同时在首都北京的新侨饭店召开“全国文艺工作座谈会”和“全国故事片创作会议”，目的是贯彻中共中央八届九中全会提出的“调整、巩固、充实、提高”的八字方针，总结“大跃进”运动以来的经验和教训，改进对文艺工作的领导方法，并讨论文艺工作和电影创作的有关条例。这就是在中国文艺界和电影界有名的“新侨会议”。周总理又在建党四十周年的7月1日，亲自同与会代表游香山。

1

2

1　周总理与“全国故事片创作会议”代表同游香山（右起：周恩来、崔嵬、金迪、成荫、岳野）

2　与会代表在香山留影（后排左二为成荫）

《停战以后》

北京电影制片厂摄制，1962

编剧：辛　毅　　副导演：赵　元　　特技摄影：陈　晨
导演：成　荫　　化装：王希钟　　制片：杜　子
摄影：高洪涛　　剪辑：邵养珍　　演奏：中央乐团
美术：俞翼如　张先得　　照明：王福琛　　指挥：韩中杰
作曲：罗忠镕　　服装设计：孙　竦
录音：吕宪昌　　特技美术：刘鸿文

演员：张　平（饰顾　青）　项　堃（饰李国卿）　维尔斯（饰比却尔）　李晓清（饰美方秘书）
赵子岳（饰班县长）　鲁　非（饰刘参谋）　王　澍（饰朱伯涛）　李孟尧　刘　钊（饰记者）
李雨农（饰司　机）　波波维奇（饰娜斯）　维　佳　庞万林（饰美方随员）　梅　熹（饰谢宏）
马精武（饰薛　平）　秦　文（饰梅　初）　黄素影（饰吴　妈）　周森冠（饰曹大叔）
陈　戈（饰陈司令）　方　辉（饰胡定能）　姜祖麟　张逸生　江　水　杨　克（饰教授）
孙静贞（饰李太太）　葛存壮（饰孙拐子）　林洪桐（饰小　马）　王丙彧（饰李连长）
沙博理（饰丢　克）　谭宁邦（饰费　丁）　韩　焱（饰老　农）　魏　荣（饰曹玉亭）

曾参加1946年北平军调处谈判工作、解放后担任北京市委副秘书长的辛毅，在《人民日报》上发表了《在“中立调处”的外衣下——忆安平事件》一文，成荫看到这个报道后，认为以此为题材来表现这段历史，更具有代表性和典型性，因此约请辛毅根据亲身经历编写电影剧本。初稿很快写了出来，但写法有点像新闻报道，于是成荫又和作者商量，确定以中共代表顾青将军个人的这段经历为主线，增加人物及情节，围绕安平事件的调处，展开与美、蒋方面的正面斗争。成荫不仅为作者出思路想点子，而且亲自动手帮助修改，辛毅非常感激，要把稿酬分一部分给成荫，但被成荫婉言辞谢。

国民党代表李国卿是一个颇为复杂、也很难演的角色，谁最适合饰演这一个性格迥异的大反派？成荫首先想到的就是当年拍摄《南征北战》合作过的敌张军长扮演者项堃。只是因反右斗争中被错划为“右派”，其时项堃正被贬至山东艺专担任教员。在成荫力主之下，北影下决心正式调人。无奈此时为严格控制进京人口，国务院为之专门成立了由总理周恩来亲自领导、北京市市长彭真挂帅的五人审批小组，成荫又通过厂长汪洋设法找这两位领导特批，周总理得知原委后很为关心，叮嘱成荫：“一定要保护好项堃的身体。”……

影片从1962年6月开拍，到11月中旬就告结束。因涉及重大历史事件，周恩来总理、陈毅副总理和罗瑞卿总参谋长等领导亲莅审片，一致予以极高评价。周总理当场高兴地说："多拍这样的片子就好了！"陈毅也大加赞扬："这部片子拍出了我们的志气，很好。我还没有见过这样一个片子哩，希望你们多拍一点嘛！"（节选自朱安平：《〈停战以后〉与见证历史风云》）

《停战以后》是成荫对政论式电影所作的一次全面实验，从人物描写到电影形式，渗透着清新的纪实感。政论语言、实景运用、纪录片的切入、运动性长镜头的大量使用，显示出20世纪60年代中国电影中政论样式的一次突破。（节选自倪震：《成荫的艺术道路》）

"我只能说，创作中受到干扰比较少或者没有受到干扰的是《钢铁战士》和《停战以后》。"——成荫

《停战以后》工作照

《停战以后》剧照

《停战以后》剧照

1

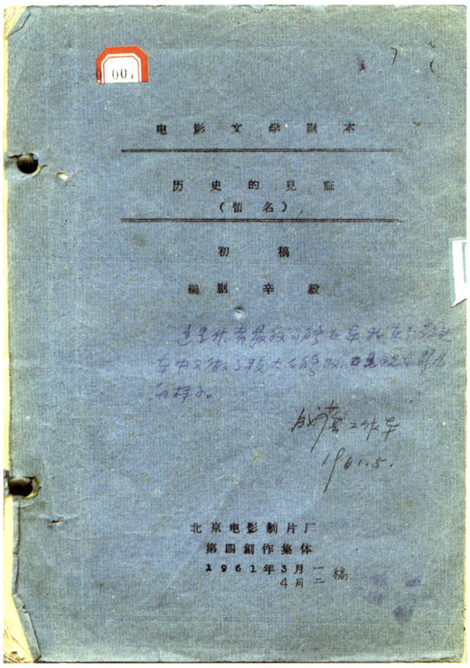
电影文學劇本

历史的見証

（暂名）

初稿

編劇　辛毅

北京电影制片厂

第四創作集体

1961年3月一
4月二稿

2

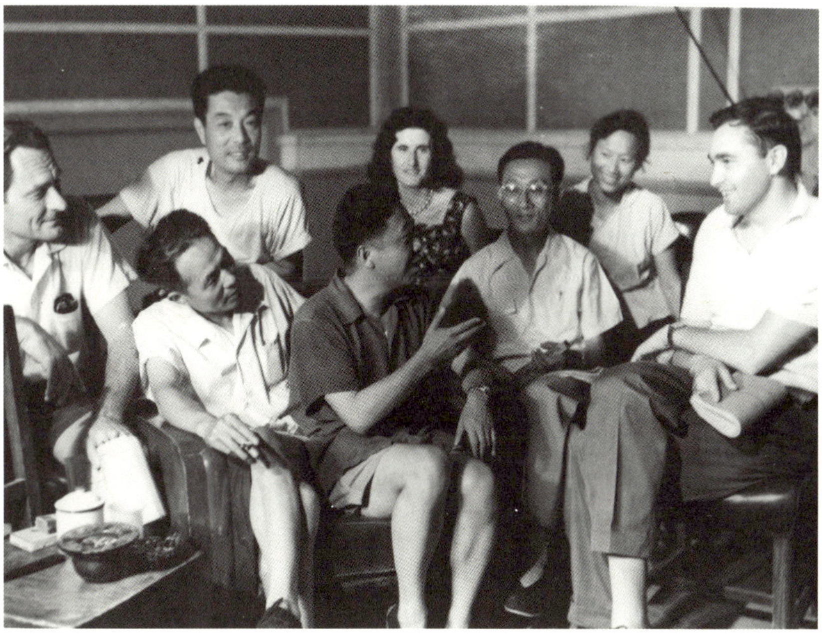
3

1、3 《停战以后》工作照

2　成荫在拍摄《停战以后》时使用的工作台本

《浪涛滚滚》

北京电影制片厂摄制，1965

原著：韶　华
改编 导演：成　荫
摄影：高洪涛
美术：俞翼如
作曲：杜鸣心
录音：吕宪昌　王泽民
剪接：邵养珍
照明：王福琛
化装：胡纯美
服装：王汝英
道具：武振山
特技摄影：陈　晨
特技美术：刘鸿文
制片：杜子　王彬
演奏：新影乐团
指挥：姚关荣

本片承 山西省水利建筑工程总队 山西省歌舞团协助拍摄

演员：秦　怡（饰钟叶平）　陈　戈（饰倪书记）
彭奇愚（饰封树凯）　郑大年（饰陈超人）
魏　荣（饰何守岗）　顾　岚（饰张总工程师）
鲁　非（饰苏士荣）　徐恩祥（饰魏晶莹）
周森冠（饰吕部长）　蔡　铭（饰刘得水）
于绍康（饰刘长顺）　史　林（饰李　萍）
李　健（饰大　娘）　王炳彧（饰牛相周）
李雨农（饰胡士信）

大约在1963年冬季，成荫同志给我写信说：北影计划拍摄的影片，历史题材比较多，反映现实生活的比较少，他很喜欢《浪涛滚滚》这本小说，要改编为电影，征求我的意见。他还说，拟请著名表演艺术家秦怡同志主演小说中的主人公党委书记钟叶平，我当即同意了他的意见。

过了几个月，《浪涛滚滚》文学剧本由成荫同志改编完成，而且发表在《电影文学》上。电影局的负责同志看过这个剧本，认为改编得比较好，同意开拍。（节选自韶华：《电影〈浪涛滚滚〉的沉浮》）

1964年9月中旬，《浪涛滚滚》摄制组在文裕河水库工地拍完外景返回北京，路经太原时住在市委招待所。第二天早晨吃完早餐，秦怡换好衣服准备

导演成荫与原著作者韶华（右）在研讨剧本

1

2

1 成荫在修改剧本

2 《浪涛滚滚》摄制组主创人员共同研讨创作问题（左一为成荫）

到太原城里转转，成荫手拿一份报纸来找她："你看看这报纸，但不要受它影响。"说这话的时候，成荫的脸色严肃中带着些许尴尬。秦怡不知发生了什么事，一边伸手接过报纸，一边看着成荫。成荫又加了一句："这些说法也不一定对。"说完转身就离开。秦怡越发感到莫名其妙，翻开了手中的报纸。这是一份《人民日报》，上面刊登了一篇批判《北国江南》的长文。秦怡一看标题，心中不由"咯噔"一下，头轰然变大了。仔细读完全文，秦怡愣住了。文章批判《北国江南》宣扬"资产阶级人性论"，鼓吹"走资本主义道路"；银花有十大罪状，核心是"只讲资产阶级人性，不讲无产阶级的斗争性"，是披着共产党员外衣，毒害人民的"阶级异己分子"。秦怡承认写此长文的人很有学问，但无法苟同文章的观点。成荫非常仗义，时时宽慰秦怡："他们批的是银花，不是你，你是秦怡。他们批判有他们批判的权利，对你大家是了解的。即便是人物塑造得有好坏，也扯不上什么政治问题，而且还有编剧和导演呢。"这段日子，秦怡每天早晨都到北影厂的图书室翻阅报纸，看那些批判文章，心中愤愤不平：共产党员难道就不会双目失明吗？她在宣化和张北拍戏，亲眼看到不少双目失明者。把银花写成双目失明者，就是"诬蔑共产党人瞎了眼睛"，如此推论，岂不荒谬绝伦！冷静地想想，秦怡觉得成荫说得很对，即便这些文章批判得都对，那也是批银花，与她何干？

那天，周总理在北京电影制片厂看完《浪涛滚滚》的样片从放映室出来，秦怡紧跟在总理身后。"秦怡，报纸上在批判《北国江南》，你紧张吗？"周总理打破沉默，漫不经心地问秦怡。"我……我……"秦怡没有思想准备，支支吾吾地说，"……还好，有点儿。"周总理笑笑："看了你这个戏，可以说跟你没关系。演员是塑造各种各样人物的。""可银花是我演的角色呀。"周总理说批判《北国江南》跟她没关系，秦怡心里的一块石头落了地，仍谦虚地表了个态。"不要怕批评，有则改之，无则加勉，不要一副挨批的样子。"周总理善解人意，很会做工作。秦怡没再说什么，心中是暖洋洋的。（节选自唐明生：《秦怡传》）

1964年，《浪涛滚滚》拍出之后，由于某领导坚决反对，认为歪曲了本部门干部的形象，因此就无人敢通过发行。（节选自舒晓鸣：《对成荫同志现实题材影片创作的思考》）

1966年6月，北影有两位同志给《中国青年报》写了一封信，揭发北影拍摄了一大批"毒草"影片，其中点了《浪涛滚滚》的名字。按照习惯看法，只要报纸上一被点名，便认为是党的、组织的、定论性的意见。（节选自韶华：《电影〈浪涛滚滚〉的沉浮》）

成荫对《浪涛滚滚》的小说作者说："要求艺术配合中心，图解政治，而'中心''政治'天天在变化，电影生产周期又长，即使插上翅膀也赶不上的。但为了'生存'，不得不照办。"这样的自白从我国电影的一位重要代表人物口中发出，是何等痛心的事实！（节选自倪震：《成荫的艺术道路》）

成荫在社会主义建设题材领域中曾为他的理想而战，曾付出心血，显示了他的聪明才智和勤奋。但在"左"的文艺路线占主导地位的总形势下，他无力击败公式主义和概念化。"出师未捷身先死"，怎不令人慨叹呢！（节选自马德波：《论成荫的电影理论与实践》）

人们常常问起，在我拍过的影片里，自己最满意的是哪个角色？我的回答总是：《浪涛滚滚》里的钟叶平。虽然这是一部生不逢时，而几乎不被人所知的影片，但我却非常喜欢它。当时，周总理看过这部片子也说："精彩，精彩！"我这样说倒不是觉得我自己演得有多么好，而是因为这个戏使得我在表演上有所突破。（节选自秦怡：《他开拓了我艺术创作的新路》）

1984年，成荫同志猝然去世，为纪念这位著名导演，北京电影制片厂和北京电影学院联合举办了一次成荫作品回顾展，在很小的范围内放映了《浪涛滚

《浪涛滚滚》剧照（秦怡扮演党委书记钟叶平）

《浪涛滚滚》剧照

滚》。人们惊讶地发现，秦怡塑造的党委书记形象是那样的逼真感人，艺术上有很大突破，很有研究价值。友人给秦怡写信说：“真不知道你拍了这么好的一部电影，你演得实在出色。”北京电影学院后来派人专程赶到上海，请秦怡介绍塑造钟叶平形象的体会，并且录了音，留作教学资料。1998年10月，适逢秦怡从艺六十周年纪念，同事和朋友们热情张罗，计划好好庆祝一番。面对同事和朋友们的盛情，秦怡淡然一笑，她不喜欢浮名，也不喜欢表面上的热热闹闹。一个演员，能够留给后人和值得庆祝的是他的作品。上海电影制片厂和上海电影家协会广纳善言，联合为秦怡举办了一个纪念活动。纪念活动要放映电影，原上海电影家协会秘书长、剧作家刘泉提议，不要再放《女篮5号》或《青春之歌》等老片子，要放就放许多人还没看过的《浪涛滚滚》。“文革”前刘泉任上海电影制片厂文学部主任，作为创作参考片，《浪涛滚滚》在文学部内部放映过，他被秦怡所演的党委书记钟叶平所折服。纪念活动的组织者接受了刘泉的提议，秦怡知道后就更加愿意和高兴了。纪念活动在上海影城一号放映厅举行，来自四面八方的领导、同事、朋友和观众坐满了千余人的一号放映厅。纪念仪式简朴隆重，应有的程序过去之后放映《浪涛滚滚》。大家聚精会神地看着银幕上的秦怡。影片放映结束，场内灯光齐亮，大家起立鼓掌，目光投向坐在前排的秦怡。大多数人都面露惊讶之色：怎么从来都不知道秦怡拍过这么好的片子！“秦怡这个戏演得实在是好，我看了觉得完全不像秦怡了，可再看看又还是秦怡，因为戏是她演的嘛，她就是那个党委书记。”著名电影表演艺术家张瑞芳朴实地说，刚刚看完《浪涛滚滚》，她一时找不到合适的表达方式，便很直观地谈了自己的观片感受，“我认为《浪涛滚滚》才是秦怡同志真正的代表作，这么好的片子，过去为什么不拿出来放？（节选自唐明生：《秦怡传》）

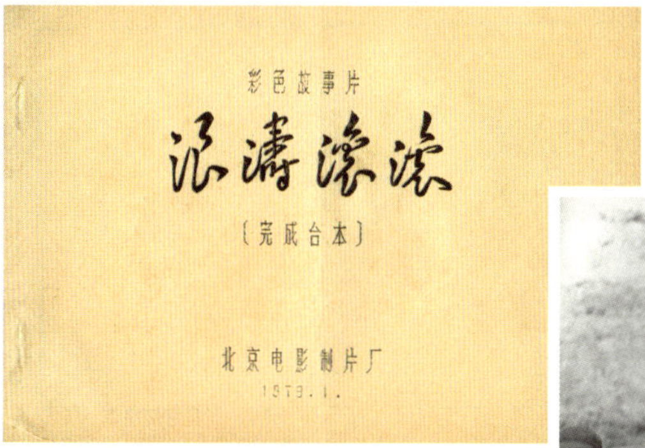

1

2

1 《浪涛滚滚》完成台本
2 《浪涛滚滚》工作照

《浪涛滚滚》工作照

1

2

1 汪洋陪同夏衍在《浪涛滚滚》拍摄现场（左起：秦怡、夏衍、成荫、汪洋）
2 《浪涛滚滚》摄制组在颐和园合影

《女飞行员》

北京电影制片厂摄制，1966

编剧：冯德英　　美术：俞翼如

导演：成　荫　董克娜　　作曲：黄　河　丁家岐

摄影：高洪涛　　录音：刘士达

演奏：中国人民解放军空军政治部文艺工作团管弦乐队　指挥：王世儒

中国人民解放军空军政治部文艺工作团参加摄制

演员：许　燕（饰林雪征）　李玲修（饰杨巧妹）　韩秀黎（饰杨　母）　曾　静（饰李　檬）

陈祖荣（饰项　菲）　哈子刚（饰王政委）　仲玉兰（饰于　虹）　周素萍（饰肖玲玲）

赵振涛（饰杨　德）　刘恬晨（饰郭华翔）　丹　兵（饰校　长）

“文化大革命”前夕，“左”倾政治思潮、文艺思潮愈演愈烈。毛主席关于文艺的两个批示、江青的《林彪同志委托江青同志召开的部队文艺工作座谈会纪要》先后问世。阶级斗争走向高潮，成荫的创作降入低潮。1966年拍摄的《女飞行员》则是一个标志。（节选自罗艺军：《谈成荫的创作道路》）

《女飞行员》（1966年春完成）这样的艺术怪胎，正如受孕的母腹不断受到捆绑、挤压的产儿降临人世。这样一部影片出自曾经拍摄《上海姑娘》的导演之手，是十分令人痛心的艺术大倒退。《女飞行员》以类型化的人物描写，分别用雪征、项菲、巧妹来图解不同的思想观念和阶级属性，用标签化的手法，使人物行为服从唯成分论和唯意志论的公式。在语录代替一切，语录可以保证飞

成荫与编剧冯德英

行上天的年代里，一定的文化知识、技术知识，不再是飞行员必备的条件，完美的、没有残疾的体格不再是飞行员起码的资格，取而代之的仅仅是（也必须是）继承革命传统和为贫农争一口气的万能的意志。如果说《钢铁战士》里的老王和小刘，他们为之牺牲的理想和献身的行动方式都是既具体又合乎情理的话，那么《女飞行员》里的人物的这种精神至上、意志至上的行为，就不但是难以置信，而且是难以理解的了。在60年代，我们的文艺学大讲反映论的时期里，像《女飞行员》这样的影片哪里是反映论的产物，这不是先验论的艺术产物又是什么呢？！艺术对生活的内涵和本质的把握失真，也必然带来表象上的虚假。《女飞行员》在表演、运镜、布景、用光、用色、特技方面所暴露的一系列反真实、反电影化的倾向，完全证明了政治代替一切给电影肌体造成的肢解性灾难。

《女飞行员》的舞台剧当年名噪一时，宣传活学活用的典范，政治挂帅的楷模。令人啼笑皆非的是，这部被吹捧为最突出政治之作，在影片完成后却因为有政治问题而被枪毙。（节选自倪震：《成荫的艺术道路》）

成荫同志在现实题材影片创作中所遇到的问题，绝不是成荫同志个别的问题，而是反映了“十七年”我们整个电影战线在现实题材影片创作中的共同问题，如果我们今天能够认真分析解剖一个麻雀，就可能从中认识到一些普遍的带规律性的问题。（节选自舒晓鸣：《对成荫同志现实题材影片创作的思考》）

导演成荫和编剧冯德英（右）在拍摄现场

《女飞行员》剧照

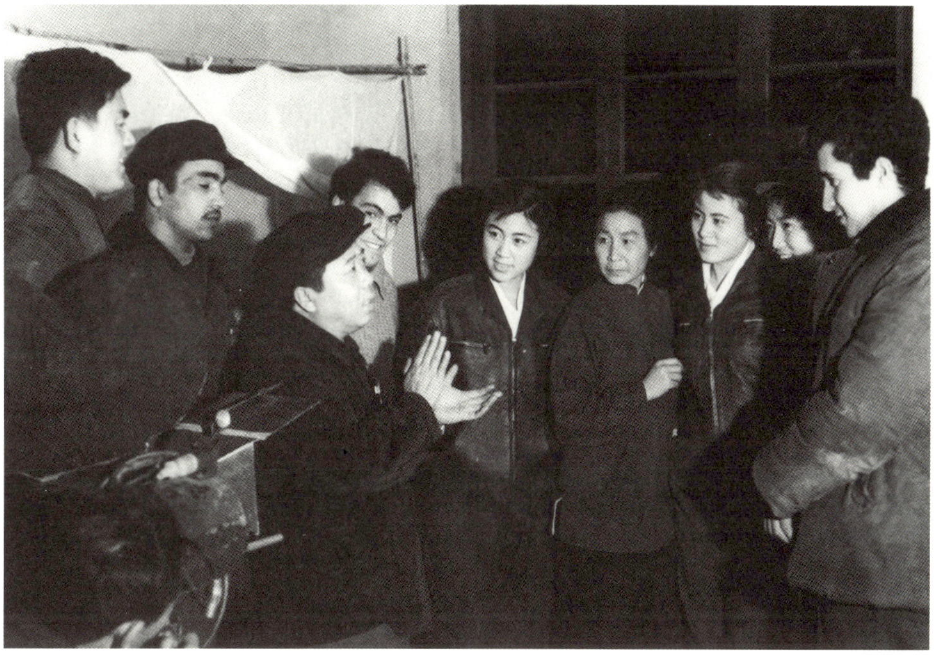

1

2

1 成荫在给演员说戏，北京电影学院阿尔及利亚留学生在拍摄现场观摩学习

2 《女飞行员》摄制组合影

京剧《红灯记》

中国人民解放军八一电影制片厂摄制，1970

中国京剧团《红灯记》剧组集体改编　中国京剧团《红灯记》剧组演出

导演：成　荫

摄影：张冬凉

美工：任回兴　寇洪烈　姜振奎　刘　千

录音：李　林　吴汉标

演员：浩　亮（饰李玉和）　高玉倩（饰李奶奶）
刘长瑜（饰铁　梅）　谷春章（饰磨刀人）
夏美珍（饰慧　莲）　杜福珍（饰田大婶）
袁世海（饰鸠　山）　孙洪勋（饰王连举）

这时，上上下下流传着起用成荫的消息，局势一天比一天缓和，成荫"重新做人"的速度比他自己预料得要快得多。所谓形势比人强，他的检查顺利通过了。没有多久，被调去拍样板戏。同志们向他伸出了手，表示由衷的祝贺。（节选自曹硕龙：《我所了解的成荫同志》）

1969年《红灯记》被确定为投拍对象。5月，江青在对中国京剧院、北影、八一厂部分人员讲话时说，此剧要搞稳一些，先成立摄制组，要执行导演就可以了。执行导演要综合大家的意见，没有集中的民主是假民主，不要总导演，那是"苏修"的一套。要为人物服务，又不忽视技巧。搞创作的人要有干劲，广泛听取意见，不断修改，精益求精。

指示虽然下了，但江青却对八一厂的创作力量不屑一顾。在她眼里，八一厂的导演不是政治上有问题，就是业务水平还不够。她最后选中了曾经拍摄过《钢铁战士》《南征北战》等影片的北影厂著名导演成荫。

京剧《红灯记》工作照（左一为成荫）

摄制组成立了，导演也到位了。根据首长的指示，1970年6月《红灯记》正式开拍，年底前必须完成任务。

当时在国内的几家电影厂里，八一厂的摄影棚堪称之最。北影厂在拍摄《智取威虎山》的时候，曾借用这里的摄影棚，但却被八一厂以要拍摄《红灯记》为由很快“请出来”了，为此两家电影厂还闹出了一些不愉快。这回自己要真刀真枪地干了，八一厂领导决定用厂里最大的摄影棚作为《红灯记》拍摄场地。（节选自刘一凡、江沂：《细说八大样板戏拍摄中鲜为人知的内幕》）

成荫导演对我（高玉倩，李奶奶扮演者）说：你的眼睛条件不错，可怎么不敢抬眼皮？！你说怕观众知道你刚从牛棚出来，抬不起头来……没有必要，相反要挺起胸膛，抬起头，用好眼神。不要有什么杂念。要做到目中无人、耳边无声、心中有数，用你的全部身心投入你的角色，你要向观众倾诉李奶奶心底的悲愤……要放得开，不怕过火，不要有任何担心，我在摄影机旁给你把关……（节选自高玉倩：《从〈红灯记〉的拍摄看成荫同志的为人》）

《红灯记》拍完后，送去审查。周总理看完了，问道：成荫，是你导演的吗？并说：祝你成功！还同他握了手。江青在场，她对影片也很满意，并没有异议。

第三天，当着总理的面，江青突然板起面孔，颤抖着嗓音批评成荫。她说：明眼人一看，就知道你突出了坐机关的老太太，用老太太压李玉和。你歌颂李玉和是假的。你要给我好好地检查！成荫检查自己给李玉和近景特写，同别人在一起时，把李玉和放在中间，以为这样处理镜头能突出他，没想到反倒突出了李奶奶。江青听了大为光火，说：你的检讨也是假的！

京剧《红灯记》工作照

“我确实感到自己在前边干，后边有人拿着鞭子！”在这样的状态下，成荫先后导演拍摄了京剧《红灯记》、京剧《红色娘子军》、维吾尔语歌剧《红灯记》等影片。（节选自曹硕龙：《我所了解的成荫同志》）

1

3

2

1 京剧《红灯记》宣传画
2 成荫（右二）在给演员说戏
3 京剧《红灯记》摄制组全体同志合影

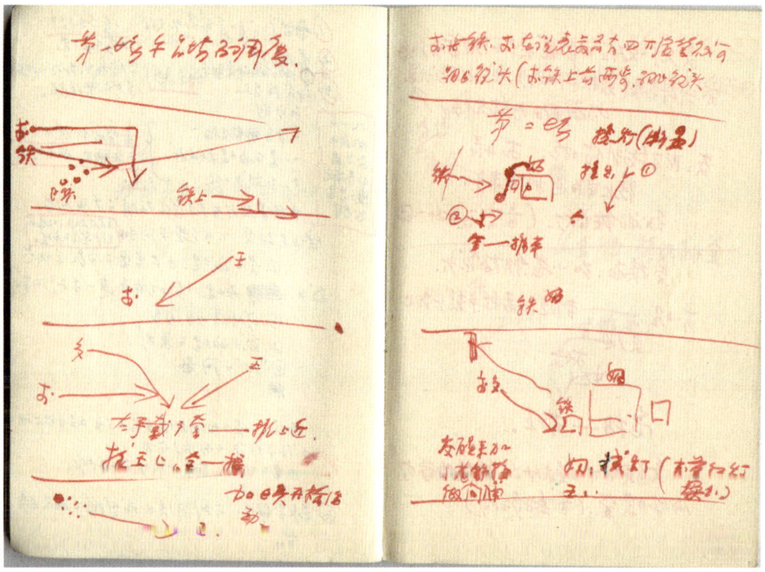

1

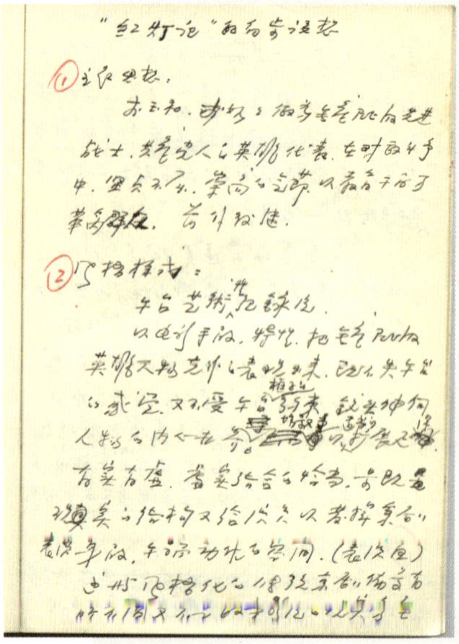

2

3

1、2　成荫为京剧《红灯记》所做的导演手记
3　京剧《红灯记》拍摄现场

京剧《红色娘子军》

中国人民解放军八一电影制片厂摄制，1972

中国京剧团根据同名舞剧集体移植创作
中国京剧团《红色娘子军》剧组演出
导演：成　荫
摄影：张冬凉　韦林玉
美工：寇洪烈　姜振奎　刘　千

演员：冯志孝（饰洪常青）杜近芳（饰吴清华）
曲素英（饰连　长）田文善（饰黄　威）
王晶华（饰郑阿婆）周宝奎（饰小　庞）
李嘉林（饰南霸天）司　骅（饰老　四）

不久，京剧《红色娘子军》出现，这是根据舞剧《红色娘子军》移植而来，由中国京剧院演出。京剧的语言是唱念做打，要比芭蕾语言好理解，容易被人们所接受，艺术效果很好。

京剧《红色娘子军》中洪常青的扮演者是冯志孝，出身梨园世家，1959年毕业于中国戏曲学校，是马连良的入室弟子。曾在《杨门女将》中扮演寇准，深受赞赏，他与张学津齐名，同为正宗马派。他行腔圆润厚重，颇有马派神韵。他扮演的洪常青一身正气，潇洒大方，唱腔优美，很是到位，这出戏也使他进一步成名。吴清华的扮演者是表演艺术家杜近芳，她是穷苦出身，自幼被人抱养，1951年才把卖身契解除。她8岁学戏，先拜有梨园界"通天教主"之称的王瑶卿为师，后又拜梅兰芳为师，可谓出身名门。杜近芳嗓音宽厚纯正、高低音自如，扮相俊美大方，颇有梅派风韵。她是中国京剧院重要的大青衣，擅演《野猪林》《谢瑶环》《柳荫记》《白蛇传》《白毛女》等，也曾多次出国演出，名气很旺，在《红色娘子军》中成功扮演吴清华，是她一生中的一项重要成果。

1972年京剧《红色娘子军》拍成电影，使更多的人可以欣赏到正宗的马派和梅派的表演。

成荫（左一）在指导演员排练

京剧《红色娘子军》工作照

1

2

3

1、2 京剧《红色娘子军》剧照

3 京剧《红色娘子军》摄制组全体同志合影

《南征北战》（重拍片）

北京电影制片厂摄制，1974

编剧：沈西蒙等	美术：杨予和	作曲：彦　克
导演：成　荫　王　炎	录音：吕宪昌	演奏：新影乐团
军事顾问：贾衡已	特技摄影：张尔瓒	指挥：姚关荣
摄影：聂　晶　陈国樑	特技美术：蔡　光	

中国人民解放军济南部队、北京部队协助拍摄

演员：王尚信（饰师长）　张连伏（饰政委）　冯恩鹤（饰刘永贵）　刘乃鹏（饰王春）
鲁　非（饰刘团长）　张勇手（饰高营长）　胡　朋（饰赵大娘）　俞　平（饰赵玉敏）
田宝富（饰教导员）　白志迪（饰张连长）　曹翠芬（饰永贵妻）　王　培（饰敌张军长）
侯冠群（饰陈班长）　徐建福（饰李虎）　葛存壮（饰敌参谋长）　邵　华（饰敌李军长）

1972年，我赴北京开会时，听说成荫已奉命在北京电影制片厂重拍《南征北战》。为什么要重拍？据说是原片有损我军形象，指战员未戴红领章和红帽徽，十分潦草。我原系老《南征北战》的副导演之一，有传说这次上面要我与成荫合导重拍《南征北战》。

在我参加新《南征北战》摄制组时，我不知道我们战斗剧社的老指导员成荫怎样改编老片，如何拍摄新片？因为老片在“文革”中并未受批判，仍是群众最爱看的所谓老“三战”（《南征北战》《地雷战》《地道战》）之首啊！

摄制组成立了，演员选定了，军事顾问也来到了。这时成荫召集我、军事顾问还有主要演员谈及怎样创作新片，说：“凡是上头说过老片不好的地方，不管哪方面都一定要改正；肯定的或没有说要改的，则按老片原

《南征北战》（重拍片）工作照

样一律不动。另外要求有关人员沿老《南征北战》的拍摄地点和路线走一趟，然后去临沂与参拍部队会面。”

意想不到的是，我们到了山东，向临朐县干部打听哪儿有类似凤凰山和摩天岭的地形时，干部们却说：“俺们这儿早就有凤凰山和摩天岭，不信你去看看。”我们到达那里辨认了一会儿，哈！这不是我们老《南征北战》拍过的“凤凰山”“摩天岭”吗？原来，多年前群众看了《南征北战》电影，就把这两座原本没有名儿的山真的叫成了凤凰山和摩天岭了。遗憾的是这儿的地形地貌变得早已不像以前了，并且修筑了水库。越往前去，成荫越皱眉头，在这长长的柏油路上，连一段黄土路都找不到，还想利用现成的是没门了。

于是我们把注意力又转至青州、弥河、闵庄一带。这儿是平原地带，不用说更是面目全非，旧“将军庙”火车站没有了，弥河沿岸都修了堤坝，村庄盖了不少新的砖瓦房，硬要遵循不能改变老片的面貌真非易事。尤其是新片拍摄的宽银幕影片，用的是鲜丽的彩色胶片，更和老《南征北战》的调子不同。这可难坏了主帅成荫。幸亏部队首长建议，可以利用修工事的兵力，改造治河要用的地形，使之尽量与老片地形相符。

但妨碍新《南征北战》的那些根本问题却无法解决，成荫很苦恼，身体越发不好。在老《南征北战》中，曾分配我当了一名临时演员——我军炮兵军官，虽只有几句台词却给观众留下了很深的印象。可这次重拍这场戏，反复几次都给打回来了，说场景台词都不像过去，必须重拍。我发牢骚地对成荫说：“我连我自己演过的戏都不会拍了，真够悲哀的了。”

成荫牢骚更大：“我们导演自己亲手导过的《南征北战》，却不知道该怎么处理，找谁去说理呢！”他的处境的确很艰难，有些本来不是他定的事，最后也算在他的头上。如因演员年龄稍大，上头提议摄影加纱，但在讨论中大家觉得其他干部、战士、游击队员都为本色，唯主角细皮嫩肉的不一定好，成荫没有坚持就作罢了。另一次拍摄战斗中的战士，为了增加点战斗气氛，给两个战士脸上涂了点黑色油彩。这两件事加在一起就成了大问题，“首长”给成荫来了一封严厉的信，指责他：“不听话！肆意歪曲我军英雄形象。”

1974年，我们终于完成了新《南征北战》的拍摄任务，心情忐忑地等候审查。一天早晨上班时，北影厂军代表找到了成荫和我说：“首长已看了新《南征北战》，很生气，认为新的不如老的好。”成荫这次倒不很紧张，好像有点精神准备，他马上找到了摄制组的场记给上边打报告作检查。检查写完，我第一次在报告上签了自己的名字（过去我从不签名）。在新《南征北战》的拍摄过程中，我一直不肯在上送的各种报告上签名。成荫问：“过去叫你签名你不签，怎么这次倒主动签名了？”我说：“到追查责任时，分担点吧。”但在次日刚要上送我们的检查时，军代表又急匆匆地来了，说：“你们的检查就不用送了！首长又看了一遍，认为还是新的比老的好，好多了。”

我们都松了一口气，我看到了成荫多日难见的一点笑容。

那时期，有那么一批重新拍摄的影片，如《平原游击队》《渡江侦察记》等，我似乎没有听说哪一部比原片制作得更好。为什么？真够人深思的了。（节选自王炎：《一个导演的自述》）

《南征北战》（重拍片）分镜头剧本

《南征北战》（重拍片）剧照

《南征北战》(重拍片)工作照

维吾尔语歌剧《红灯记》

中国人民解放军八一电影制片厂摄制，1975

导演：成　荫
摄影：韦林玉
音乐：则克力·艾里帕塔
　　　黑牙斯丁·巴拉提
　　　周吉等集体创作
录音：李　林　吴汉标
美工：寇鸿烈　马义彪

新疆维吾尔自治区歌剧团移植演出　本剧音乐以我国维吾尔族古典音乐《十二木卡姆》为素材进行创作

演员：阿不力米提·沙地克（饰李玉和）
　　　吐尼沙·萨拉衣丁（饰铁梅）
　　　阿衣夏木·可里木（饰李奶奶）
　　　衣不拉音·牙克莆（饰磨刀人）
　　　吐尔孙娜衣·艾则孜（饰蕙莲）
　　　帕但木·热衣丁（饰田大婶）
　　　阿不都克里木·巴克（饰鸠山）
　　　马合木提·阿米提（饰王连举）

1969年至1971年，《红灯记》三上银幕：先是中央新闻纪录电影制片厂摄制的彩色纪录片《钢琴伴唱〈红灯记〉》隆重上映；接着是1970年由北京电视台摄制的黑白银幕复制片《红灯记》，供全国电影院放映；而后有八一电影制片厂摄制的同名彩色舞台艺术片，当时称为“彩色影片”。

而我们在这里要谈的，是于1975年，由新疆歌剧团移植革命现代京剧《红灯记》的维吾尔语歌剧《红灯记》以及维吾尔语歌剧电影《红灯记》。

当时扮演维吾尔语歌剧《红灯记》中李玉和角色的艾坦木·玉赛因，说起这部抗日题材影片以及难忘的往事。[1]

“当时有关部门同意在不改变原作品的内容和表演形式的前提下，可以用少数民族语言和音乐移植样板戏。当时我也参加了翻译工作。但把京剧改为维吾尔语歌剧，难度很

维吾尔语歌剧《红灯记》剧照

1　艾坦木·玉赛因讲述的维吾尔语歌剧《红灯记》是舞台剧，而非电影版维吾尔语歌剧《红灯记》，但两者主创人员基本相同，个别人员略有不同。——编者注

大。其中李玉和的戏份很重。比如《雄心壮志冲云天》一段咏叹调，演唱就需十分钟左右。”

维吾尔语歌剧《红灯记》是在现代京剧《红灯记》基础上，以我国维吾尔族民间古典音乐《十二木卡姆》为素材移植过来的。

艾坦木·玉赛因继续介绍说，“剧本完成后，音乐创作就成了关键。当时是把最优秀的音乐家都汇聚到这个剧组中了。当时负责音乐创作的有：赫亚斯丁·巴拉提、斯坎德尔·赛普拉、努尔买买提·沙依提、周吉；还有两位担任音乐顾问：则克力·艾里帕塔、玉山江·加来。他们主要采用‘十二木卡姆’中的三个‘木卡姆’——《且比亚特》《拉克》《穆夏吾热克》为素材，选取适合于《红灯记》剧情，接近于原创京剧的节拍的曲调，以他们惊人的音乐才能，反复探索，成功地创作出了这部歌剧的音乐。”

维吾尔语歌剧《红灯记》移植得十分成功。正式演出后，在新疆维吾尔自治区乃至全国引起很大轰动，并得到了首都文艺界和中国京剧院的有关专家和学者的充分肯定和高度评价。

1975年国庆节之前，维吾尔语歌剧《红灯记》又由八一电影制片厂摄制成维吾尔语彩色艺术片。（节选自《新疆文史资料选辑》）

维吾尔语歌剧《红灯记》剧照

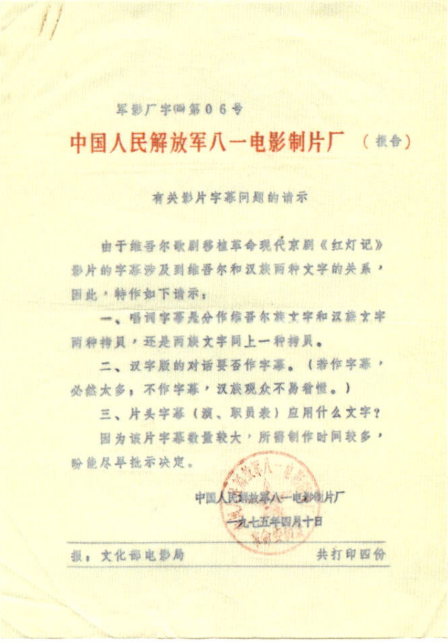

军影厂字㈣第06号

中国人民解放军八一电影制片厂 （报告）

有关影片字幕问题的请示

由于维吾尔歌剧移植革命现代京剧《红灯记》影片的字幕涉及到维吾尔和汉族两种文字的关系，因此，特作如下请示：

一、唱词字幕是分作维吾尔族文字和汉族文字两种拷贝，还是两族文字同上一种拷贝。

二、汉字版的对话要否作字幕。（若作字幕，必然太多，不作字幕，汉族观众不易看懂。）

三、片头字幕（演、职员表）应用什么文字？

因为该片字幕数量较大，所需制作时间较多，盼能尽早批示决定。

中国人民解放军八一电影制片厂

一九七五年四月十日

报：文化部电影局　　　　共打印四份

1

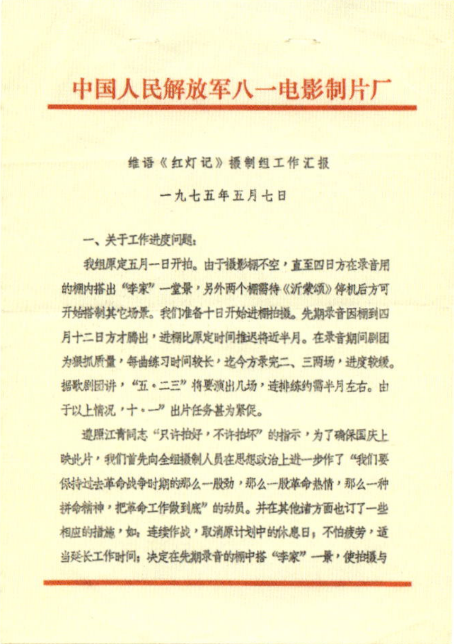

中国人民解放军八一电影制片厂

维语《红灯记》摄制组工作汇报

一九七五年五月七日

一、关于工作进度问题：

我组原定五月一日开拍。由于摄影棚不空，直至四日方在录音用的棚内搭出“李家”一堂景，另外两个棚需待《沂蒙颂》停机后方可开始搭制其它场景。我们准备十日开始进棚拍摄。先期录音因棚到四月十二日方才腾出，进棚比原定时间推迟将近半月。在录音期间剧团为狠抓质量，每曲练习时间较长，迄今方录完二、三两场，进度较缓。据歌剧团讲，“五·二三”将要演出几场，连排练约需半月左右。由于以上情况，“十·一”出片任务甚为紧促。

遵照江青同志“只许拍好，不许拍坏”的指示，为了确保国庆上映此片，我们首先向全组摄制人员在思想政治上进一步作了“我们要保持过去革命战争时期的那么一股劲，那么一股革命热情，那么一种拼命精神，把革命工作做到底”的动员。并在其他诸方面也订了一些相应的措施，如：连续作战，取消原计划中的休息日，不怕疲劳，适当延长工作时间；决定在先期录音的棚中搭“李家”一景，使拍摄与

2

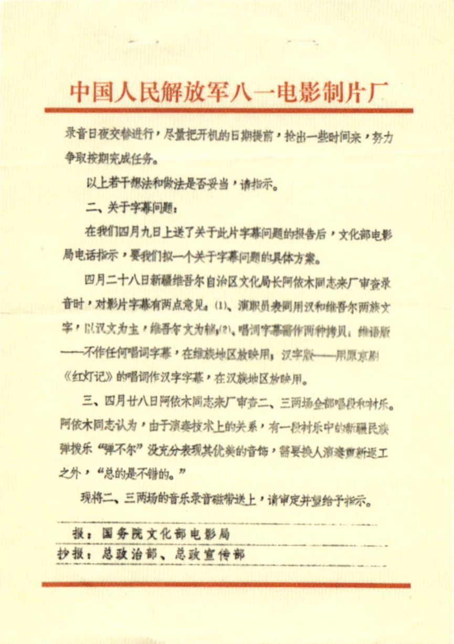

中国人民解放军八一电影制片厂

录音日夜交替进行，尽量把开机的日期提前，抢出一些时间来，努力争取按期完成任务。

以上若干想法和做法是否妥当，请指示。

二、关于字幕问题：

在我们四月九日上送了关于此片字幕问题的报告后，文化部电影局电话指示，要我们拟一个关于字幕问题的具体方案。

四月二十八日新疆维吾尔自治区文化局长阿依木同志来厂审查录音时，对影片字幕有两点意见：(1)、演职员表同用汉和维吾尔两族文字，以汉文为主，维吾尔文为辅；(2)、唱词字幕需作两种拷贝：维语版——不作任何唱词字幕，在维族地区放映用；汉字版——用原京剧《红灯记》的唱词作汉字字幕，在汉族地区放映用。

三、四月廿八日阿依木同志来厂审查二、三两场全部唱段和衬乐。阿依木同志认为，由于演奏技术上的关系，有一段衬乐中的新疆民族弹拨乐“弹不尔”没充分表现其优美的音饰，需要换人演奏重新返工之外，“总的是不错的。”

现将二、三两场的音乐录音磁带送上，请审定并望给予指示。

报：国务院文化部电影局

抄报：总政治部、总政宣传部

3

4

1、2、3　维吾尔语歌剧《红灯记》摄制组工作汇报

4　维吾尔语歌剧《红灯记》摄制组全体人员合影

《拔哥的故事》（上下集）

上集　北京电影制片厂摄制，1978

编剧：谢扶民	副摄影师：张世澂	照明：王福琛	制片：黄兆义
成　荫	录音：刘士达	置景：王泽生	绘景：张　裕
毛正三	张保健	道具：郝广良	烟火：陈加坤
马元杰	作曲：李延林	服装设计：巫亚华	音响：孙　凯
导演：成　荫	化装：王希钟	朱一琦	演奏：新影乐团
摄影：高洪涛	吴　燕	服装：王　烽	指挥：冯光涛
美术：俞翼如	范青山	朱永泉	金正平
杨占家	剪辑：朱小勤	特技美术：门玉凤	
副导演：肖　朗	赵秀琴	特技摄影：袁景业	

演员：马昌钰（饰韦拔群）　许福印（饰陈　达）　吴雄圻（饰杜　八）　陈志坚（饰潘阿四）
谭伟民（饰黄榜巍）　冯明义（饰陈　涛）　蒋绍华（饰兰日和）　雷　南（饰兰妈妈）
赵子岳（饰韦　保）　林　彬（饰韦　母）　马崇乐（饰滕铁民）　赵汝彬（饰韦文周）
苏丹丹（饰秀　梅）　李苒苒（饰榜巍妻）　李希瑞（饰陆永芬）　夏宗学（饰马少魁）
吴　习（饰将　军）　徐孝远（饰韦龙甫）　陈友发（饰孙大成）　周成五（饰黄定成）
中国人民解放军54205、53023、51112部队 广西崇左、大新县文艺宣传队协助拍摄

下集　北京电影制片厂摄制，1979

编剧：谢扶民　成　荫	作曲：李延林	绘景：张　裕	烟火：陈加坤
毛正三　马元杰	音响：孙　凯	道具：郝广良	副导演：王君正　刘淑安
导演：成　荫	剪辑：朱小勤　赵秀琴	服装设计：巫亚华　朱一琦	制片：林永刚
摄影：高洪涛　徐孝先	化装：范青山	服装：朱永泉	解说：白景晟
美术：俞翼如　杨占家	照明：王福琛　赵树平	特技美术：门玉凤	演奏：新影乐团
录音：刘士达	置景：王泽生　宋万祥	特技摄影：袁景业	指挥：冯光涛

演员：马昌钰（饰韦拔群）　许福印（饰陈　达）　马崇乐（饰滕铁民）
徐孝远（饰韦龙甫）　陈友发（饰孙大成）　赵汝彬（饰韦文周）
谭伟民（饰黄榜魏）　江　滨（饰罗文鉴）　苏丹丹（饰秀　梅）
李苒苒（饰榜巍妻）　雷　南（饰兰妈妈）　蒋绍华（饰兰日和）
冯明义（饰陈　涛）　林　岚（饰覃　风）　夏宗学（饰马少魁）
吴雄圻（饰杜　八）　陈志坚（饰潘阿四）　周成五（饰黄定成）
张从渠（饰老山叔）　刘子农（饰黄守先）

参加演出：蔡　明　李丹宁　韩廷琦　周明山
孙其龙　黄柳生　谭荣裕　卢文秀
田宝富　李孟尧　李小园　金　凤
郭　秉　海　洪　王振荣

特邀　李志学（饰毛泽东）

中国人民解放军广州部队、广西东兰县文艺宣传队协助拍摄

成荫着手创作了酝酿多年的《拔哥的故事》。这是一部关于革命烈士韦拔群的传记片。他积累了盈尺的文字素材，内容丰富而生动，并富传奇色彩。按照这些条件，人们可以期望出现一部电影精品。影片完成之后却显得平庸。成荫自己也很懊丧。难道是成荫同志江郎才尽，50年代焕发的才情已在梦中消失？那夺去他生花之笔的梦中神人，就是客观上和主观上“左”的观念。有形的紧箍咒已经革除，无形的紧箍咒作为历史的惯性还在运行。不能严格尊重历史事实，按后来的历史发展给人物排座次，用“高大全”的概念打磨掉性格棱角。成荫还没有从那困扰了多年的梦魇中苏醒过来。（节选自罗艺军：《谈成荫的创作道路》）

《拔哥的故事》开拍之前，有一次在厂里的路上，我碰见了成荫，他跟我说：“这个戏里，我们需要你演个角色。”我说：“那太好了，我能跟你一起拍戏，那是求之不得的。”他说：“你演韦拔群的爷爷，条件是很合适的”，紧接着又说：“但是有一点你得注意，这是个正剧，你可不要带出喜剧的味儿来！”就这么一句话，就使我理解了这个人物了。（节选自赵子岳：《我所热爱的好导演》）

一个战役中矛盾错综复杂，困难很多，但我们写到作品中，往往回避矛盾，总是写成我们对敌人了如指掌，敌人一来就被打垮，胜利一个接着一个。反映重大历史题材的东西，如果不从思想上突破这些束缚，很难写出真实生动的作品来。徐虹：《〈西安事变〉纵横谈——访成荫同志》

《拔哥的故事》工作照

《拔哥的故事》工作照

1

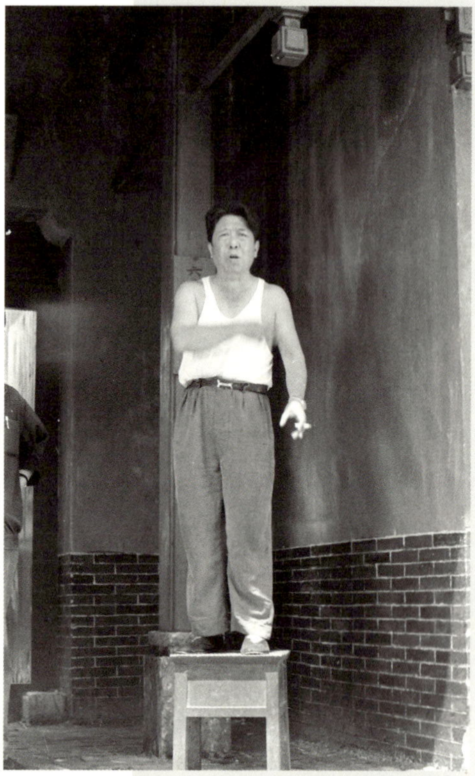

2

3

4

5

1　拍摄间隙，成荫与摄影师高洪涛（左）对弈
2、3、4　成荫在拍摄现场为演员做示范
5　在拍摄间隙，成荫给大家变戏法

《西安事变》(上下集)

西安电影制片厂摄制，1981

编剧：郑　重　成　荫	照明：李延江　孙志武	绘景：陈宝万
导演：成　荫	特技设计：孙超德	效果：杨明文
摄影：高洪涛　郑煜元　陈万才	特技摄影：宋国毅　马　骥	烟火：王承忍
美术：张子恩　卢广才	化装：王希钟　李恩德	演奏：陕西乐团
作曲：李耀东	发型：柏顺富	指挥：仇明德
录音：洪嘉惠　党存珠	服装：都龙喜　陈　千	制片主任：吕万营
副导演：颜学恕　于连起　戴宗安	道具：王吾育　姚福禄	
剪辑：王　联　王玉璋	置景：张　健　陈国良	

参加演出：金安歌　辛　静　王铁成　邹世福　修宗迪　智一桐　王承廉　张　沂　戴宗安
孙飞虎　古　月　朱可心　吕　复　赵　涛　张家齐　绿川良泽　陈　雷　米百超
安瑞云　郭伟琳　胡庆汉　沙博理　韩援朝　章　非　陈兴中　薛　涛　王　俊
王滨雁　赵志英　董　霖　赵登峰　王心玉　路　希　李安秦　吴天明　陈一青

承蒙　中国人民解放军84805、87134部队，江苏省军区、陕西省军区，南京市公安局、西安市公安局、延安市公安局，南京大学外事办暨留学生、西安市二十中学协助拍摄

早在1962年他就想把“西安事变”这一重大的历史事件搬上银幕了。他的岳父申伯纯同志当时是杨虎城的交际处长，是我地下党与西北军的联系人，他写了一本有关西安事变的史料，并常和成荫同志谈起当时的逸闻趣事，使得成荫同志掌握了很多感性材料。于是写了一个拍摄提纲呈送给周总理看，当时总理说，现在还不忙搞。到了1965年，“文化大革命”前夕，总理又指示，片子可以晚一些拍，可否趁很多当事人还活着的时候收集资料，先把剧本搞出来。然而“十年动乱”的冲击未能实现总理的指示。粉碎“四人帮”以后，文化部当时曾让崔嵬同志去拍摄“西安事变”的影片，但不幸崔嵬同志尚未动手就病逝。后来任务就交给了成荫同

成荫在西影厂修改《西安事变》文学剧本

志。（节选自《〈西安事变〉拍摄始末》）

成荫是幸运的，他赶上了思想解放的年代，不失时机地实现了他对电影艺术创作的一部分宏愿，施展出他毕生创作经验凝成的艺术功力，达到了他预想的美学的追求。这一切都表现在影片《西安事变》中。（节选自马德波：《论成荫的电影理论与实践》）

由成荫导演、西安电影制片厂摄制的大型革命历史题材故事片《西安事变》（上下集），在这届“金鸡奖”的评选中，是反应比较强烈的一部银幕佳作。大家认为，影片的成就和缺陷都非常明显，从影片中所反映的有关创作方面的问题，值得研究和重视。

在复杂矛盾的表现上，大家认为影片很有特点，导演很有功力。它不仅将许多错综复杂的矛盾线索理得十分清晰，叙述得层次分明，有条不紊，而且从中体现了时代气氛，展示了时代风貌。有的同志认为，在反映时代的复杂性、丰富性方面，《西安事变》超过了我国过去任何一部同类题材的影片。在这一点上，它的突破是重大的、历史性的，它在中国电影历史的发展上值得一提。

《西安事变》的成就为众人称赞，可是它的不足也是大家公认的。同志们比较一致的看法，认为影片把党的领袖人物，如毛主席、周恩来等，写得苍白无力，缺乏个性，毫无光彩。同时，党在这个重大的政治历史事件中的作用也没有得到很好的表现。有的同志指出，影片的缺点不只是艺术处理上的，而是带有政治性的。一些同志不同意这种意见，认为影片虽有缺点，但并不那么重大，它的弱点在于艺术形象的刻画上，不能说成是政治性的缺点。

在研究影片缺陷及不足的同时，评委们进一步对造成这种状况的原因作了分析。有的同志指出，我们从五十年代开始，就提倡写重大题材，写史诗样式的作品，可艺术上取得的成就与所付出的巨大代价很不相称，特别是在重大革命历史题材领域中，失败的教训多，成功的经验少，一些创作思想上的问题没能得到解决。《西安事变》在我方领袖人物描写上的缺陷，恰恰反映了这个问题，它是创作思想的局限尚未突破，现实主义精神不彻底的结果。（节选自张明堂：《中国电影金鸡奖第二届评选活动侧记》）

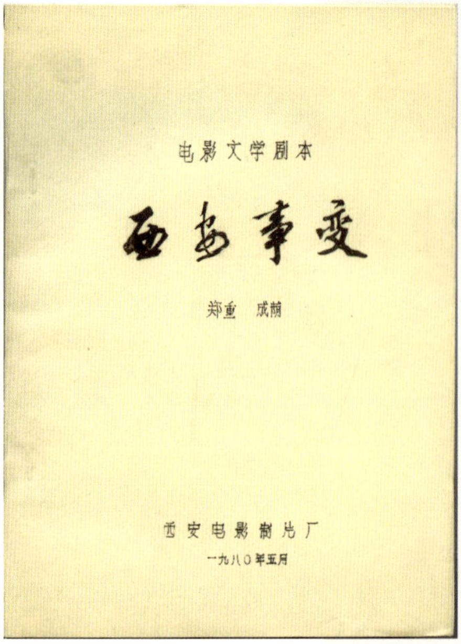

《西安事变》电影文学剧本

《西安事变》的艺术特色是文献性、纪实性和戏剧性完美的统一。创造了一种崭新的、富有民族特色的艺术风格。它不仅如实地再现一个时代的重要人物和重大事件，而且提供了一批性格丰满的历史人物形象和跌宕多姿的戏剧性情节。诸如蒋介石、张学良、杨虎城等形象，在中国电影画廊中都是带有突破性的开拓。这种文献性、纪实性和戏剧性结合的审美特色，赢得了海内外的盛誉。成荫在《西安事变》的创作中，有两点值得特别提出的，其一是中国传统文化的熏染，其二是对电影蒙太奇的创造性运用。（节选自罗艺军：《谈成荫的创作道路》）

成荫同志在《西安事变》的创作中，把广阔的历史规模和生动的人物刻画结合起来，再现了重大的历史事件，在某些历史人物的塑造上有可喜的突破，显示了导演的功力，特授予最佳导演奖。（中国电影金鸡奖第二届评选委员会，1982年5月23日）

美术师张子恩、卢广才绘制的《西安事变》场景气氛图

《西安事变》剧照

《西安事变》剧照

《西安事变》工作照

1

2

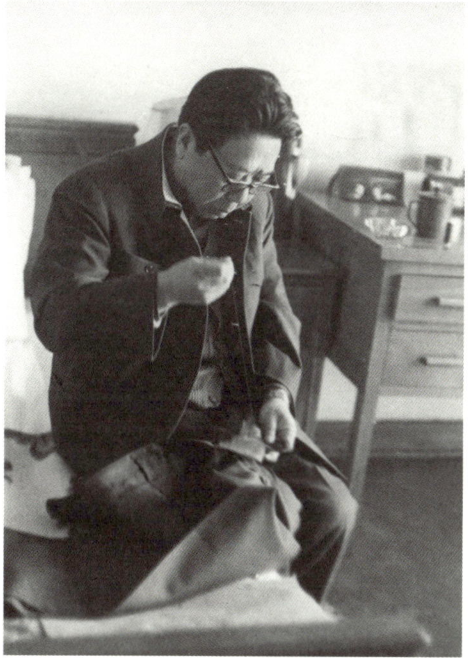

3

1 成荫（中）在给演员讲戏
2 成荫在宿舍缝补衣服
3 拍摄《西安事变》时成荫坐的“导演椅”（中国电影资料馆收藏）

西安事变

（宽银幕）

上、下集

西安电影制片厂

一九八一年十一月

1

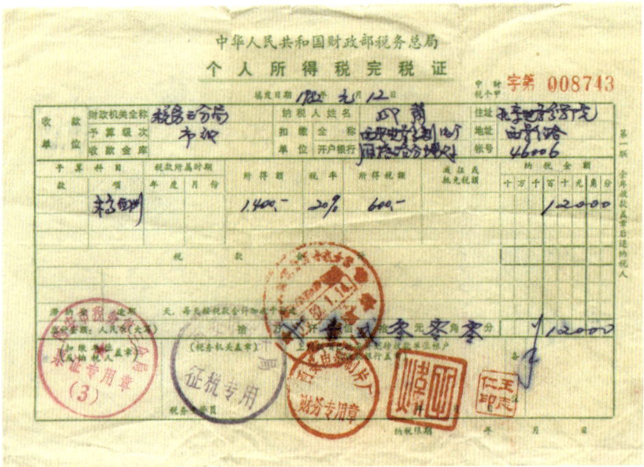
中华人民共和国财政部税务总局

个人所得税完税证

字第 008743

收款单位	财政机关全称	税务二分局	纳税人姓名	成荫	住址	
	预算级次	市级	扣缴单位 全称	西安电影制片厂	地址	西影路
	收款金库		开户银行		帐号	46006

预算科目 项	所得额	税率	所得税额	纳税金额
稿酬	1,400.—	20%	600.—	120.00

征税专用

财务专用章

2

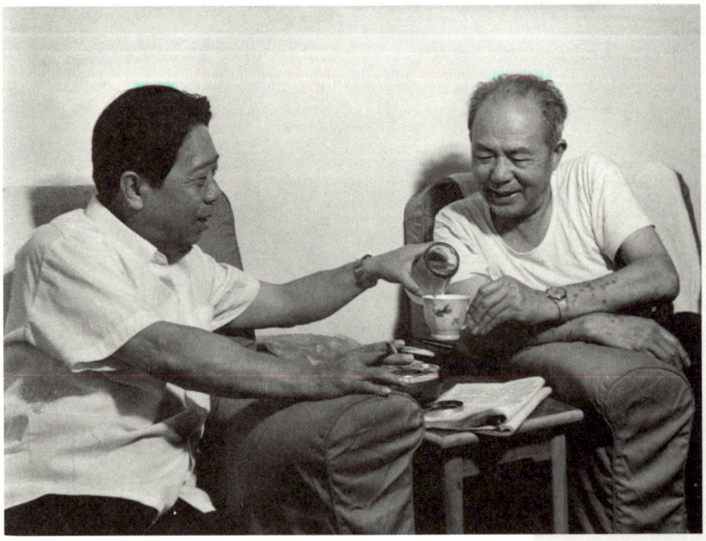

3

1 《西安事变》完成台本

2 成荫的编剧稿酬缴税凭证

3 1981年，成荫与长期合作的摄影师高洪涛（右）在《西安事变》摄制组

1

2

1 1982年5月23日在西安举行的中国电影金鸡奖颁奖典礼

2 马文瑞（中）、陈荒煤（右）给成荫颁发中国电影金鸡奖最佳导演奖

1

2

4

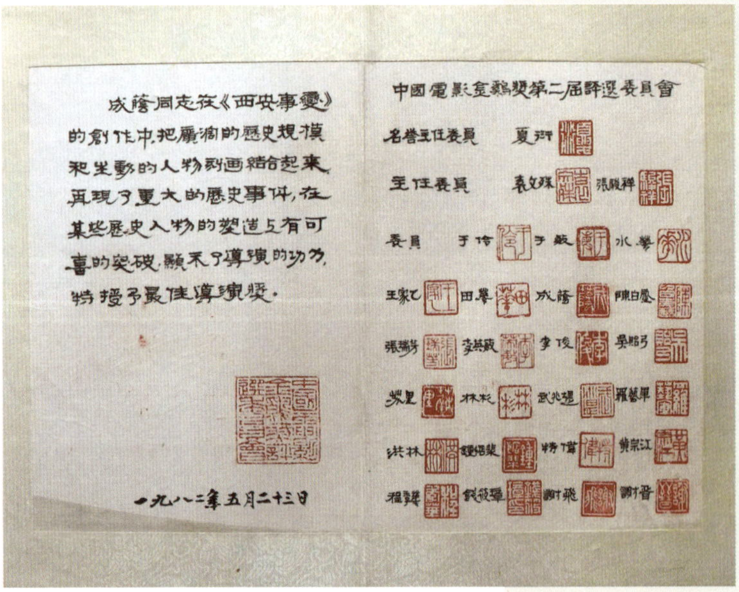

成蔭同志在《西安事變》的創作中，把廣闊的歷史規模和生動的人物刻画結合起來，再現了重大的歷史事件，在某些歷史人物的塑造上有可喜的突破，顯示了導演的功力，特授予最佳導演獎。

一九八二年五月二十三日

中國電影金鷄獎第二屆評選委員會

名譽主任委員 夏衍

主任委員 袁文殊 張駿祥

委員 于伶 于敏 水華

王家乙 田華 成蔭 陳白塵

張瑞芳 李英敏 李俊 吳貽弓

[illegible] 林杉 武兆堤 羅藝軍

洪林 鍾惦棐 [illegible] 黃宗江

程季華 錢筱璋 謝飛 謝晉

3

1、2、3 《西安事变》获第二届中国电影金鸡奖最佳导演奖
4 1983年，《西安事变》获第一届解放军文艺奖的奖章

参加全国政协会议

1978年2月参加第五届全国政协第一次会议。

1980年8月参加第五届全国政协第三次会议。

1981年11月参加第五届全国政协第四次会议。

1982年11月参加第五届全国政协第五次会议。

1983年6月参加第六届全国政协第一次会议。

1

2

1 委员们进入会场（前排中为成荫）

2 会议期间部分委员合影留念（中排左一为成荫）

1

2

1　会议期间成荫与委员们合影（左起：陈复礼、黄苗子、成荫、梁披云）
2　成荫（右）与委员们合影

重要的社会活动

1

2

3

1　1962年，成荫与田方（前排右）参加国庆观礼
2　1963年8月，成荫与作曲家李焕之（左）在北戴河
3　1963年8月，成荫与作家李凖（左）在北戴河

1

2

1966年中国电影代表团访问日本，参观日活电影公司

1

2

1 1966年，访日期间观看前进座演出后合影（前排左八为成荫）

2 1972年秋，成荫与吴印咸（右）、何云（中）赴长春电影制片厂《沙家浜》摄制组期间合影

1

2

3

1　1973年，日本文化界访华团访问北影
2　1975年1月，第四届全国人大会议期间，成荫与戏剧家曹禺（右）
3　1976年，成荫在广西电影制片厂期间与广西厂的创作人员合影（前排左起：导演诗哲、成荫，化装师方启征；后排左起：摄影师蒙雄强、编剧朱旭明、导演郭宝昌）

1

2

3

1 1977年8月，周巍峙（右）、成荫（左）与日本日中文化交流协会理事长中岛健藏先生夫妇

2 1977年，成荫、钱筱璋（左）同东影时期日本老朋友持永只仁（中）再相聚

3 1977年，中国电影代表团访问日本（左起：成荫、钱筱璋、王萍）

1977年中国电影代表团访问日本

1

2

1 1978年，成荫（左一）与北影厂厂长汪洋（右一）、童影厂厂长于蓝（左二）陪同印度导演比斯瓦斯夫妇在北影参观

2 1979年，汪洋（右）、成荫与日本导演熊井启（中）在故宫《天平之甍》拍摄现场

3 1979年，圭亚那新闻代表团访问北影（左七为成荫）

3

1980—1983

北京电影学院时期

1980年1月23日，国务院任命成荫为北京电影学院院长。这是北京电影学院成立以来的第三任院长。

1

成荫院长对电影学院的教学规划和长远建设有他自己的想法。他认为经过十年浩劫的破坏，电影教育事业既要恢复，又有重建和发展的重大任务。他首先非常重视教学建设的规范化和教材的健全，重视教师队伍的基本建设，特别是青年教师的培养。他预见到中国电影未来的发展将面对更高水平、更广范围的创作发展，人才的需求是迫切而高标准的。他提出要为了适应明天的电影发展需要来制订教学规划。他深入实际，到各系的课堂听课。尤其是导演系、表演系这些他有丰富创作实践经验的系，他更能言之有物地提出如何改进教学方法、切实有效地培养人才的中肯意见。

由于江青和“四人帮”对电影学院的破坏，“文革”期间，学院被迫从原来的小西天院址迁往远郊朱辛庄北京农学院寄人篱下。1982年，正是我院向上级领导申请，经文化部批准在学院路黄亭子重建新院，计划从朱辛庄迁回城里，为新校舍设计和选择总体规划方案的时刻。建设新校址，举家回迁，也是结束“文革”动乱，真正恢复教学秩序，重新回到教学轨道上来的一个重大举措，使新时期电影教育走上健康发展之路的物质保证。成荫院长同院党委、院领导班子，对新校舍九个总体规划方案进行反复的、详细的比较研究，并广泛听取各系、处意见后，确定了第九个方案，在对之提

2

1　1982年，成荫在北京电影学院（朱辛庄）办公室
2　1982年，成荫参加北京电影学院表演系78班论文答辩（左起：罗光达、成荫、陈强）

出修订意见之后，上报文化部和北京市规划局，经上级批准破土动工。这就是现在矗立在学院路黄亭子的北京电影学院新址。

成荫院长十分重视中青年领导干部的培养和成长。当时，文化部任命孙月枝、谢飞为副院长，他们属于正当年富力强、矢志教育的年龄。尤其是谢飞副院长还不满40岁，具备了专业知识丰富、创作精力旺盛、思想开放敏锐的特点；而孙月枝副院长虽然年纪也不大，却具有长期的党政工作和教学管理经验，是电影学院广大师生都依赖和了解的干部。成荫院长放手让他们独立工作，提出自己的管理主张。在分管教学行政工作中，这两位副院长都表现出独当一面、勇于负责的工作作风和创造精神。成荫院长有自己的施政计划，但又充分发扬民主，发挥一个领导班子的集体力量的个人创造才智。孙月枝同志回忆起来，深有所感地说："我开始时只以为成荫同志是一位有才能、有思想水平的电影艺术家，一起工作了以后才发现他很有管理方面的经验和才干，能够指导别人把大政方针很好地落实。即使是他因病离任了以后，我们有重大的决策和事情也都是要找他商量，继续听取他的意见。"

成荫院长工作作风深入、细致，善于听取师生员工的意见。他刚来学院的第二天，我作为一个年轻教员就向他反映本院图书馆房舍不够，有些外文电影调查不够，需要增加经费的问题。他当场接受意见，并表示第二天就去图书馆调查了解。据图书馆的工作人员说，第二天他果然到了那里并详细询问了各种情况，答应尽量满足增加必要经费，在条件允许的情况下扩大投入。他还深入食堂了解情况，具体研究改进学生伙食，提高伙食质量问题。学生宿舍水房和厕所卫生问题的改进，也在他细心的关注之内。（节选自倪震：《新时期之初的成荫院长》）

目前，电影学院各方面的条件较差，由于校舍问题迟迟得不到解决，给工作带来了许多困难。但成荫同志总是鼓励学院的同志，既要面对现实，又要树立信心。他曾说：目前电影学院的困难确实很多，我在电影学院工作了两年，也深深感到要推动一件事情很不容易。但是，你们还应看到电影学院还有许多有利条件，这个学校已经办了几十年，总还有不少好的经验。电影学院的老教师们，对工作是忠心耿耿的。一批中年教师也已经成长起来了。社会上很重视电影学院，电影厂也越来越需要电影学院的学生。你们应该大胆地干，电影学院是有希望的。

为了改进电影学院的教学，成荫同志花了很多心血。他研究了各系的教学计划，提出如何合理、科学地进行课程设置。他为了掌握第一手资料，花了大量时间，听取各类课程的讲课录音。他对导演系的表演教学，对表演系的课堂教学和学生实践的关系，对摄影系的基础课和专业课的关系，都进行过研究，提出改进的意见。

在现任的领导班子中，成荫同志是长者。但在集体讨论问题或个别交谈时，他总是以商量的口吻同大家交换意见。在有些问题上，当大家犹豫不决时，他又能决断地拿出意见。他的既民主又敢于负责的领导作风，博得了大家的爱戴。（节选自沈嵩生：《纪念成荫同志把北京电影学院办得更好》）

1956年，电影学院建院，成荫应聘担任招生委员会委员。

1961年2月15日、20日，成荫与朱今明到电影学院作专题讲座。

1961年3月20日，成荫给电影学院表演系57、59、60、62甲、62乙班上电影表演课。

1961年7月10、12、13日，成荫给电影学院导演系58班上导演课。

1961年9月，成荫在电影学院给导演系留学生讲授电影导演业务的基础知识。

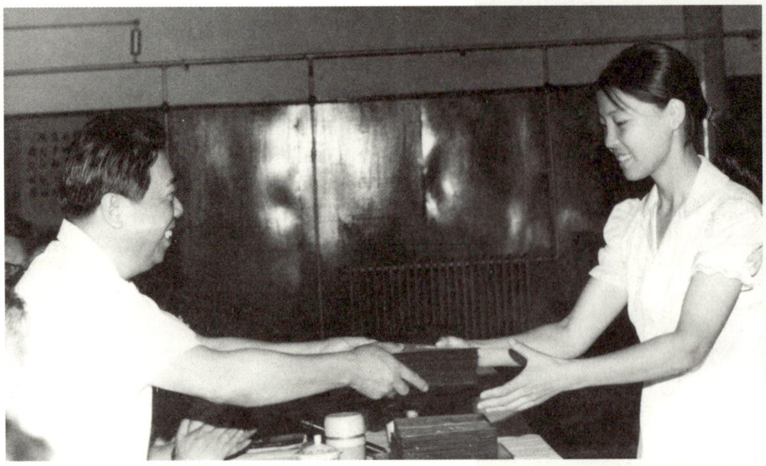
1

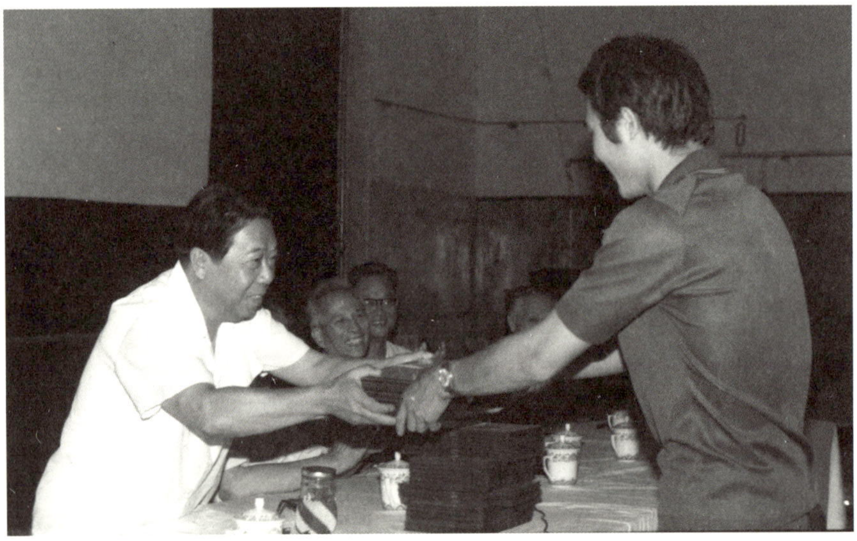
2

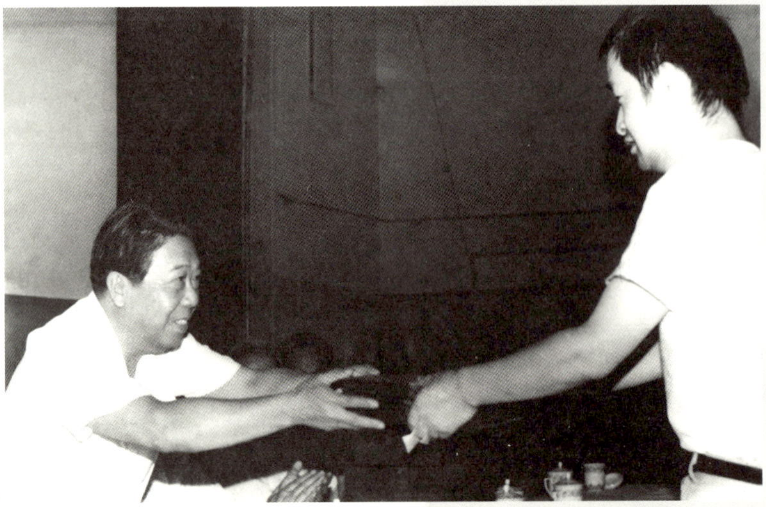
3

1 成荫向82届摄影系毕业生颁发毕业证书
2 成荫向82届表演系毕业生颁发毕业证书
3 成荫向82届导演系毕业生颁发毕业证书

1

2

1 成荫与摄影系82届毕业生合影
2 成荫与导演系82届毕业生合影

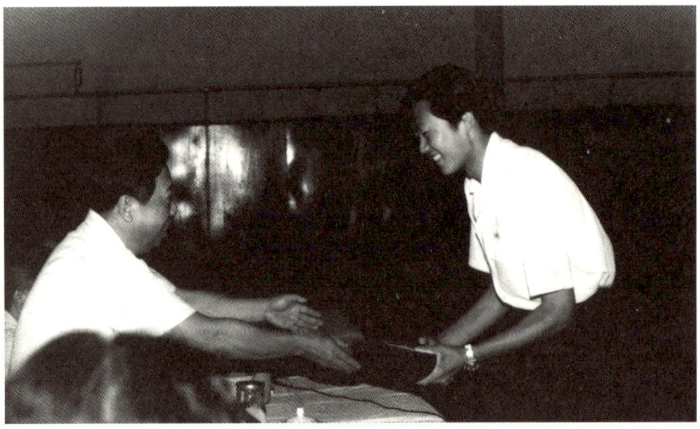

1

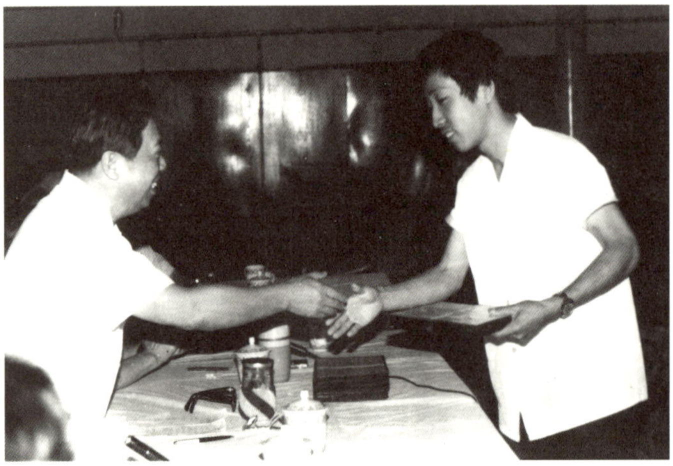

2

4

1 成荫向82届录音系毕业生颁发毕业证书
2 成荫向82届美术系毕业生颁发毕业证书
3 成荫与82届表演系毕业生合影
4 成荫与82届全体毕业生合影

3

成荫接待来访的外国电影教育代表团

1 1961年，成荫给北京电影学院导演系留学生讲授导演基础概论

2 北京电影学院院庆60周年，成荫获“中国电影教育贡献奖”

3 1951年7月，担任电影局艺委会秘书长的成荫参加了文化部电影局电影学校（北京电影学院前身）的开学典礼（三排右五为白大方、右六为成荫、右八为陈荒煤）

1

2

3

1982年，成荫在由北京电影学院表演系、北京电影制片厂演员剧团、八一电影制片厂演员剧团共同召开的“电影表演艺术讨论会”上谈电影表演问题

1

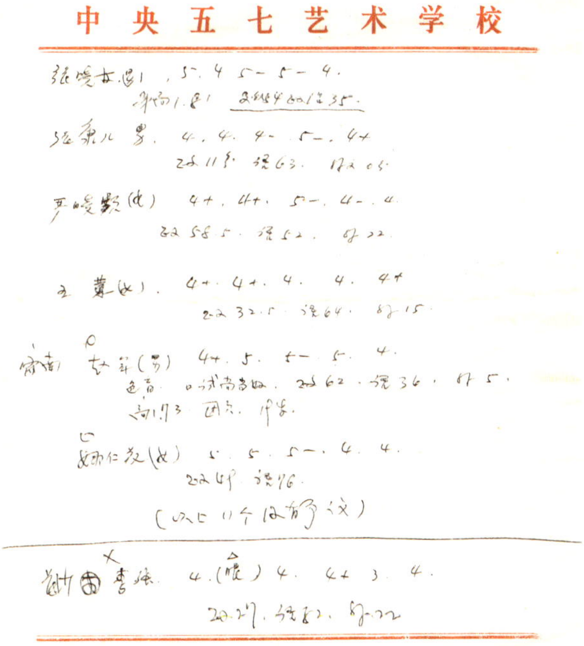
中央五七艺术学校

2

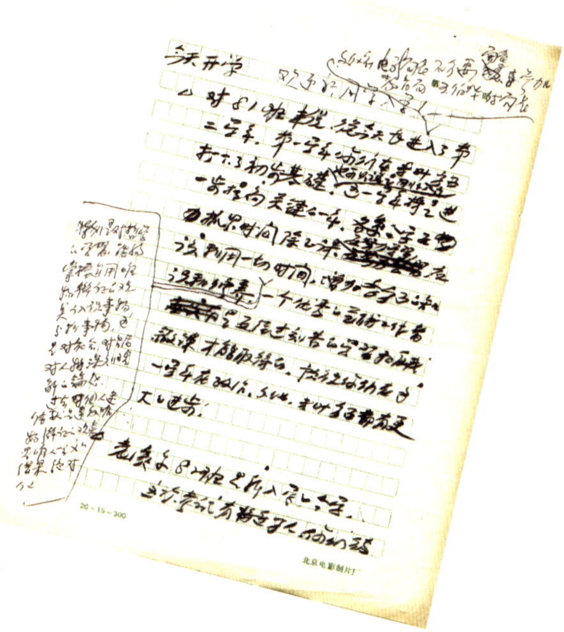
北京电影制片厂

3

1 1982年，成荫（左二）参加82届表演系招生考试

2 成荫为82届表演系招生考试打分记录

3 成荫在北京电影学院开学典礼的致辞手稿

1

2

3

1、2　1981年，中国电影代表团访问美国

3　1981年，中国电影代表团访美期间参加中国电影周活动（成员：成荫、陈怀皑、秦怡、谢芳）

1

2

3

1 1982年，成荫与谢晋（左）在西安

2 1982年4月，成荫与文化部副部长丁峤（右）、上影厂厂长徐桑楚（左）

3 1981年，《西安事变》拍摄完成后，成荫与演员孙飞虎（中）、金安歌（右）在家中小酌

1

2

1 1982年6月，成荫（前排右一）在第二届中国电影家协会代表大会期间与电影界人士在一起

2 1982年7月，成荫、申伸（后排左）与荷兰电影导演尤利斯·伊文思（前）和法国电影工作者玛斯琳·罗丽丹（后排中）

1

2

3

1　1982年，成荫（左二）在第二届金鸡奖评奖期间与演员们在一起
2　1983年，成荫与日本电影代表团同游长城
3　1983年，成荫与老朋友日本剧作家井手雅人（左）在一起

电影创作

1984—

永远的怀念

晚志未酬　溘然长逝

申　伸

4月26日，他走得太突然了！

在急诊室里已经停止了抢救。我想在他身旁多坐一会，我握着他的手，那双我太熟悉的手，静待他能长出一口气，睁开眼，告诉我“缓过来了！”然而他却沉睡着，毫无醒意！护士不能再等了，用眼问了我一下，白单子一罩，小心地推走了。我看着推走了，但是我总感觉他会回来的！一个小时以前，还是那么生动活泼呢！我们一起从容地散步到电影资料馆大放映厅去，他不是还说“把身体养得好一点，再拍一部现代题材的影片”吗？后来他走了，是的，他一个人走了，一个人……我想大喊一声把他喊回来，却又被孩子们劝住了。成荫！我的成荫！此刻你最属于我！

27日一早，同志们陆续赶来，在我面前强忍着突然失去战友的悲痛，抑制着盈眶欲滴的泪水，劝慰着我；函电从祖国各地飞到我的身边，震惊痛惜之情缓解了我精神上的伤痛。此时此刻成荫还是属于同志们的！我知道有不少来宽慰我的同志，也有各自不幸的经历。我收拾起痛楚的心情，记住那些嘱咐叮咛，为弥补他的早去带来的损失尽一份力，慰去者，兼赎悔憾！

回忆他第一次心脏病发作，是1972年。那时他正在拍现代京剧的影片。以后，心脏就时常向他发出警告，但他却不在意，口袋里装着急救药盒，接连又拍了两部现代京剧的影片、三部故事片（包括重拍的《南征北战》《拔哥的故事》上下集、《西安事变》上下集），与人合编了四个剧本，到井冈山采访了九个月，到学院工作一年多……整整十年，他没有片刻的停歇！记得王炎同志曾告诉我，在拍《南征北战》的外景时，他一爬山，脸色就变得紫青，喘不上气来。他的生命被疾病无情地吞

长相厮守（图为成荫夫人申伸）

噬着！

“四人帮”垮台后，他心情舒畅，兴冲冲地与人合编了一个反映当时人们心情的剧本。

1980年，他到西安去拍《西安事变》，心情很好，说拍好了可以了却一桩心事，告慰老岳父于九泉之下。在西安的两年间，时常让我给他带挂面去。他告诉我有时有点胸闷，吃颗药就会缓解。当时西安气温高达40℃，我听来人讲，他和高洪涛在棚里都是赤膊拍戏的。虽然他时常有信来宽慰我不要为他担心，但我确实为他捏一把汗！在家时他最不爱吃挂面，在那里他吃些什么呢？一年四季他的衣服是怎么洗的？他这么拼命，还能干几年？我的心隐隐作痛！

1983年，因多年的积劳，他的身体已难以胜任学院的领导工作，退出了一线，我也离休。这是我们一生中难得的朝夕相处的一年。有一天我陪他出去，走到电影资料馆门前，他走不动了，脸色顿时灰白，站在树下，自己吃了一颗药，向我摆手，示意不要说话，过几分钟缓过来了。这是我第一次看到他那么难受。之后，“五一”在医院过的，“十一”又是在医院过的。医生提醒我频繁发作说明病情加重，要注意不要让他一个人行动。这时我发现，他惯于奔忙，不善闲居，既不会弄花，又不喜看鸟，练起气功又不入境，坐在房子里只管看书、看剧本、写意见、谈意见，对他来说看电视也不是休息。来了熟人，谈起有意思的话题，很容易兴奋激动，等人一走，他马上就得吃药，有时是边谈边吃药。近年来，他不止一次警告我要有思想准备：送他先走。每次我都以玩笑岔开，但心里暗自盘算，得了这个病恐难长寿，对付着再有三五年总该可以！我们相约三年内把半生从事电影创作的经验教训，结合实际，讲清理论，写成一本书，对一些创作上时常纠缠不清的问题表明自己的观点，立论要明确，文字要简练。如能因此使后人少走一点弯路，也算一个贡献。我为自己在晚年能帮他完成这一任务而非常高兴。

今年3月中旬，为了给反映海南黎族革命领袖的剧本当参谋，我陪他到海南岛去了一个月。4月中旬回京后他感觉很好，精神上像解除了重担，我们商量好等他开完政协会议就开始为他录音，整理成文字，7月一同到青岛去，躲开干扰，把书的纲目拟定，然后逐章书写反复修改，直至成书。那几天他的安排是：26日上午在政协听我国科学技术发展问题的报告（回来后觉得很受启发），晚看电影。预计：27日下午看“第三次浪潮”的录像（他正在看这本书），28日上午和政协文化组的同志去观看舞蹈学院学生的节目，29日上午应影协之邀接待外宾。他渴望着接触实际，接触新事物，我不忍心过于限制他的行动。谁知他离开我最多十五分钟，却丢开一切永远地走了！他的那颗久已疲惫的心永远地休息了！

回顾他的晚年，是不断进取的晚年！平日每当家人谈到他的经历时，他常说，“我这一生可以了，像我这么一个失学失业的青年，要不是参加了革命，我能干什么呢？……”是的，革命锤炼了他，他也确未辜负这个时代！同志们深切地怀念他，我的心永远被他激励着。

安心地休息吧！成荫！

申伸

1984年6月20日

1

3

2

4

1　成荫从苏联实习带回的果戈里《钦差大臣》和莫里哀的《悭吝人》戏剧人偶，珍藏至今
2　成荫的导演椅
3　1984年4月14日，成荫于长沙火车站（成荫生前最后一张照片，申伸 摄）
4　北影电影制片厂成立50周年纪念

1

花卉（油画）45cm × 40cm 成果1994

2

3

4

1 为成荫留下无数影像的佐尔基相机
2 成果为父亲去世十周年所作
3 成荫留下的部分工作手记
4 1995年纪念世界电影诞生100周年暨中国电影诞生90周年，成荫荣获“中国电影世纪奖”导演奖

你走得太快了，成荫

荒　煤

成荫同志，你走得太快了。即使在和你遗体告别的时候，我依旧热泪难忍，看到你已经安详地躺在那里，我仍然怀着这样的感觉：你不应该走得这样快。

我永远不能忘记，刚到电影局不久，我们在电影艺术委员会朝夕共处的那些日子。三十年过去了，你那个时候担任艺委会秘书长的工作，尽管你比我年轻，但毕竟早几年来到电影界，导演过优秀的影片《钢铁战士》和《南征北战》，你比我懂行，我跟着蔡楚生同志和你，学着看分镜头剧本，能够和一些导演同志交换意见、谈心甚至争吵，这时候我把你看成是我的老师。我和导演们打交道，逐渐了解电影导演工作的甘苦，能够有一点共同的语言，这时候你就是我的“导演”。

我还记得，我们和郑君里同志讨论《宋景诗》的分镜头剧本的时候，我坚持要删掉某些镜头，君里急了，脱口而出说了一句：“你真粗暴！”

君里和我是30年代就认识的老朋友，只因为我算是个“领导”，他又说了一句：“对不起。”我心里也有点不好受。最后，是你帮助我说服了君里。

类似的情况，绝不是这一次。你热情待人，真诚坦率，不隐瞒自己的观点，你既是个好导演，也是一位好的艺术领导者。

例如：我们始终都主张电影要尽可能精炼，而且总想节约点胶片，也好为国家节约点外汇。因此，我们和导演们争执的焦点，往往是在影片的长度上，你也常常“寸尺不让”。可是你也是导演，你也埋怨我们给导演使用的胶片比例太少了——但是在我们共同研究分镜头剧本的时候，我们还是“寸土必争”！

成荫塑像

（塑像作者：杨予和）

我记得，我们之间从来没有过什么争执。我们确确实实是好同志，又是好朋友。尽管我依依不舍，我还是宁愿失去一个好帮手而让你去当导演。你离开了艺委会，又给我推荐了另一位好帮手——徐韬同志，不幸他在“文革”初期就含冤而去。大概是拍完了《万水千山》之后，你不止一次对我说过，你觉得身体有点不好，当导演太累了，还是回电影局和我一起工作吧。但是你热爱导演工作，你始终也没有放弃导演工作，直到你离开我们之前，你还准备拍摄最后的一部影片。

我记得，当我看完《西安事变》样片之后，尽管我讲了对我们党的领导人形象还表现得有所不足，我还是热情、真诚地紧紧握住你的手说：“你完成了一个很重要的任务，我祝贺你的成功。”可是，我万万没有想到：这会是我对你最后一次的祝贺！

我也无法回忆，我们之间有过多少次谈话，谈过什么，但是多少年来我始终记住你讲过的两句话：“不求艺术有功，但求政治无过。”这是在一次创作会议上，你概括并且反映创作人员心情的一句话，这是长期以来在“左”的思想影响下，编剧和导演们的口头禅。我们共同为改变这种状况努力过，也一起吃过苦头，挨过批评。你也以实践证明你在建立艺术功勋，拍了《西安事变》这样优秀的影片。可是，你的心脏病竟然迫使你离开了最喜爱的导演工作！

你在一次创作会议上又说，对某些理论上的问题，你“似乎一听就懂，但实际上一做就错”。你痛感作为一个导演，必须很好地提高自己的理论水平，可是你也感到，“理论”的变化太快，太大，老觉得跟不上。因此，当你去电影学院工作的时候，你向我表示过，你要好好学一下、抓一下理论工作，并且很好地总结一下自己的经验。我鼓励你一定要把这本书写下来，还答应要给你的这本书写一篇序言。可是，在你去世后的第二天，我去看申伸，才知道你一直在酝酿这本书，却没有动手，没有给我们留下一个字来。这一天晚上，我思念着你，也想起了君里、徐韬、崔嵬，以及我们的蔡老——楚生同志，等等，都没有把他们的宝贵经验和教训留下一本书来，这使我热泪盈眶，不能不感到这是一个不可弥补的损失，也是我这个朋友没有尽到我应尽的责任，我不能不谴责自己。成荫，我也要埋怨你，你走得太快了，你不应想到还要拍一部影片，你应该想到你必须留下一本书来，把我们三十多年所走过的曲折道路，所取得的可喜成就写下来；把这几年来伟大的思想解放运动所开创的新局面，把你在新中国电影创业中的经验写下来。这既是你从一个党培养起来的文艺战士经过艰苦卓绝的学习成为一个优秀电影导演的历史，也是新中国电影事业创业者的历史！

我在4月26日频频嘱咐，一定要通知一些老导演去看看一部刚在国际得奖的影片。影片刚刚开始，你就突然躺下了，再也睁不开眼睛了。你走得太快了。

申伸警告过你：不要死在放映室里。而你总觉得病了一年多，失去了许多机会，要争取时间多看一看。你从电影资料馆的放映室又赶到中影公司的放映室，果然在放映室里永远离开了我们。

你为什么走得这样快呀？你想把提高中国电影艺术质量的速度，培养接班人的速度再加快一些！你全力以赴的勤奋精神我能理解。可是你已经不是一个年轻时代的“钢铁战士”了……你不能走得这样快呀！我至今也还不相信你已经离开了我们。

我们的电影事业还需要你这样的经历过“万水千山”的钢铁战士！

你不应该走得这样快，成荫同志，我的好战友！

1984年5月9日深夜

陈荒煤在观看成荫电影创作图片展

纪念成荫同志座谈会

为了缅怀成荫同志，电影界人士于1984年5月12日下午在北京民族文化宫西厅举行纪念成荫同志座谈会。出席座谈会的有丁峤、陈荒煤、赵寻、李贞、王阑西、程季华、孟广钧、许南明、罗艺军、胡其明、陈播、徐史、汪洋、吕复、何文今、钟敬之、卢梦、罗光达、阮若珊、刘西林等，以及文艺界、电影界、新闻界、出版界的生前好友200多人。长影、西影特派代表专程来京参加座谈会。

座谈会由丁峤同志主持。张瑞芳、王阑西、刘西林、张平、钟敬之、林克、邱成、严寄洲、罗艺军、沈嵩生等同志先后在会上发言。陈荒煤同志做了书面发言。（节选自郭青：《纪念成荫同志座谈会纪实》）

1

2

3

1 1984年5月12日在民族文化宫举办的纪念成荫同志座谈会

2 部分与会代表(左起：丁峤、陈播、陈荒煤、林杉、罗光达、赵明、张客)

3 李贞(左)和申伸在座谈会现场

1

2

3

4

1　八一厂导演严寄洲（左）和演员胡朋
2　八一厂演员古月（左）和儿童艺术剧院演员王铁成
3　北京电影学院院长沈嵩生（左一）在发言
4　北京电影学院钟敬之（左）和文化部副部长丁峤

1

2

1 北京电影学院邸力（左）和八一厂演员田华
2 北影厂演员陈强、导演郭维（中）和演员张平（右）

成荫电影创作研究讨论会

中国评论界开始重新理解和阐释“导演中心论”，研究电影创作中导演独特的艺术个性。从20世纪80年代开始，出现大量分析评论中国电影导演的专题性的研究论文集或专著，首开先河的是《论成荫》一书的出版。1985年4月，在成荫导演逝世一周年之际，在北京举行了成荫电影创作研讨会，对导演的艺术成就进行了多角度的阐释，并将研讨会的学术论文编辑成《论成荫》出版。（节选自林华:《浅谈电影“作者论”在中国的传播及其影响》）

1

2

1 成荫电影创作研究讨论会宣传册页
2 成荫电影创作研究讨论会会场

1

2

3

1 文化部部长朱穆之发言
2 陈荒煤发表《勇于探索和战斗的一生》
3 文化部副部长丁峤发言

如果要选择一位电影艺术家能充分代表中国社会主义电影前三十五年的时代精神和美学特色，反映它所经历的令人振奋而又令人扼腕的历程，我以为作为导演艺术家的成荫也许是最适合的人选。

成荫同志是幸运的，长期革命战争的锻炼和戏剧艺术实践，使他在生活积累、思想品格、组织才能和艺术经验上为成为一个电影导演做了较好的准备。党的信赖和培养，使他迅速地掌握了电影艺术形式，驰骋银幕，成为一个时代的有代表性的电影大师。其后虽几经波折，在晚年犹能向艺术的高峰继续攀登，一个艺术家艺术生命的驻点画在自己的高峰上，那是许多同辈的艺术家所向往而未能如愿的。成荫同志又是不幸的，主观的尤其是客观的束缚使他艺术想象的翅膀未能充分自由地翱翔。尤其在60年代和70年代，当他在艺术上臻于成熟，创作精力旺盛的年代，却在创作上停滞和倒退。如果排除“左”的干扰，他肯定会给我们留下更为璀璨的艺术遗产。

我们研究成荫同志的创作，不是为了重复成荫。成荫是不可重复的，也无须重复。他属于他的时代。当前历史性变革的浪潮剧烈震荡着经济、政治、文化等各个领域，人们的审美意识又一次经历巨大变化。新时期审美意识的特色之一是它的开放性、多样性和兼容并包，突破了过去的封闭性、单一性和排他性。成荫同志的艺术构成我国电影百花园姹紫嫣红的一隅，应该作为电影的优秀传统创造性地继承和发展。我在为当前电影创作上各种新的美学探索而鼓舞的同时，也期待银幕上出现当代的电影史诗。（节选自罗艺军：《谈成荫的创作道路》）

中国电影家协会罗艺军发表《谈成荫的创作道路》

1

2

3

1 原北京电影学院副院长吴印咸
2 北京电影学院教授倪震发表《成荫的艺术道路》
3 张瑞芳在会上发表了《他给我一把探索的钥匙》

1

2

3

1 会场一角
2 会场中的朱今明、钟敬之
3 八一厂厂长肖木(右)、八一厂编剧陆柱国

1

2

3

1 （左起）司徒兆敦、汪岁寒、申伸、华纯在讨论中
2 电影评论家王云缦发表《大江东去 阳刚之美——成荫电影创作的艺术风格》
3 八一厂导演冯毅夫（左）和华纯

成 荫 电 影 创

1

成荫与电影
中国电影出版社

北京电影学院成荫作品研究小组
中国电影出版社中国电影艺术编辑室
合编
中国电影艺术家研究丛书
论成荫
中国电影出版社

2

3

4

1 成荫电影创作研讨会参会代表合影
2 1985年出版的《成荫与电影》
3 成荫电影创作研讨会以后，1989年出版的《论成荫》
4 （左起）朱今明、孙月枝、赵明、罗光达、程季华在研讨会现场

1

2

3

1　北影厂马德波（中）发表《论成荫的电影理论与实践》
2　北京电影学院钱学格发表《成荫电影创作中的表演艺术》
3　长影导演孙羽（左）和北京电影学院的马精武

成荫同志和我是在四年前的全国政协会上，由于同一个小组的关系，我开始和他认识。他给我的印象是平易近人，性格开朗，身子结实得像头小牛。人虽然“相见恨晚”，戏却早已看得不少，他导演的《万水千山》《钢铁战士》《南征北战》，以及最近的《西安事变》等，都是名副其实的“巨片”——用吴祖光同志的话：成荫“个儿不大，气魄不小”。我想，凡是认识成荫的，都有同感。吴祖光同志告诉我：他在1950年初到北京，住在舍饭寺北影招待所，第一个去看他的就是这位来自延安的共产党员成荫。从此他们就交上了朋友。（节选自黄苗子：《缘》）

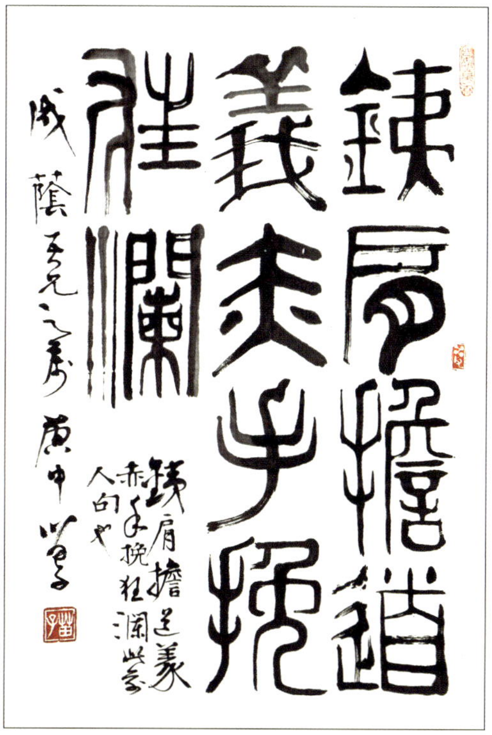

黄苗子：铁肩担道义　赤手挽狂澜

成荫是一个尊重演员、理解演员、体贴演员、爱护演员的导演。因此大家都愿意与他合作。他指导演员，总是把那最关键、最重要的地方点给你。在拍《南征北战》时，冯喆就说过：“跟成荫导演学到了很多东西。拍了这个戏，以后再演解放军战士，我就有信心了。他把这个重要的点告诉我了，你不要忘了，解放军的战士都是农民，是贫雇农参军的，这个你要牢牢地掌握。”他对演员很有耐心，他说：“演员的感情脆弱，在现场就更脆弱，不小心碰没了，还得等呀，你得容人家有个消化的过程……”对不同的演员，他能用不同的方法去引导、启发，因人施导。成荫同志很关心人。1957年，他曾警告过我：“你不要胡说八道，一个老同志，你应该懂得这一点……”就是在政治风浪中，他还在想着别人。（节选自张平：《难忘的创作友谊》）

想念成荫同志的时候，还不得不想起另一件事：十年动乱开始时，我被作为“文艺黑线”的“孝子贤孙”，听命到所谓军代表组织的学习班中去学习，有时又让我们去和“文艺黑线的大师大帅”们一起劳动。有次在摄影棚外拉照明灯的电线，我一个人拉不动，正在拼命拽时，成荫同志过来无言地帮我拉，我用眼神向他表示感谢时，遇到了他抱歉不安的目光，而且极快地离开了。当时不敢问，但我不明白为什么他帮我而他不安。粉碎“四人帮”后有次偶然谈起，才明白成荫同志当时怕帮我反而害我，他想也许我不愿被管我们劳动的人看见有个“黑大帅”在帮我干活，因为当时的确有的人连走也不愿与他们走在一起的。当我明白之后，久久不能平静。我觉得成荫同志在困难的时候不仅帮助别人，还设身处地为别人着想，他的心地是多么的好呀！（节选自秦文：《在成荫同志领导的摄制组里工作》）

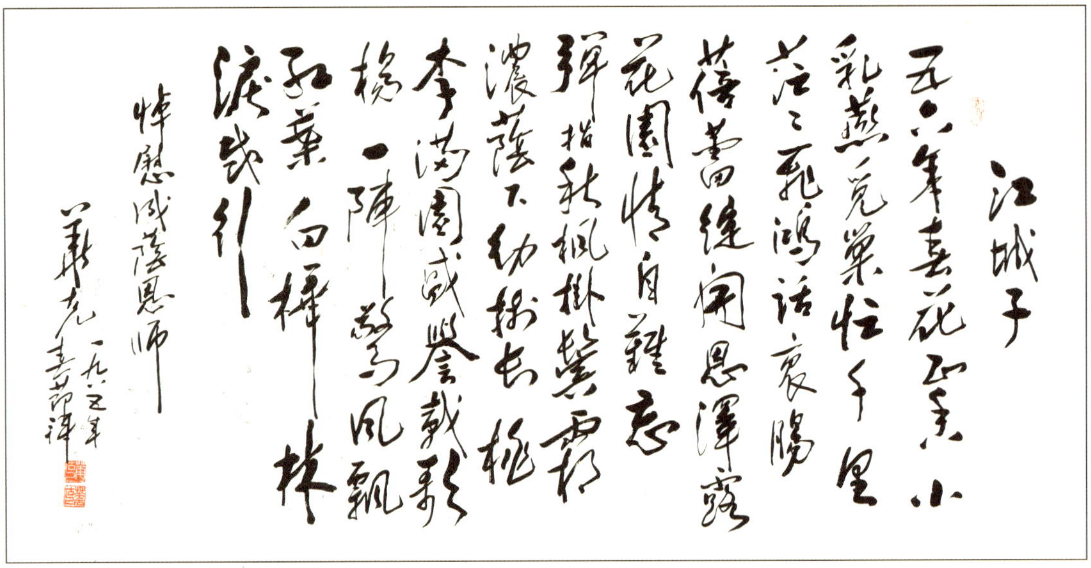

1

2

1　1956年春，时为河南新乡的高中毕业生卢友汉（即华克），困于报高考志愿，投书求教素昧平生的成荫导演。成荫访苏归国见信，热情复函，两个月内，教诲书文达5件，且很快力助学子考入刚建立的北京电影学院。华克毕业后到长影工作，于新时期追随恩师风格执导拍出如《蓝鲸紧急出动》等多部军事题材故事片。（摘自华克文）

2　程振国：燕山之麓

就是在“文化大革命”期间，我和成荫同志始终在一起。从“社会主义学院”开始，我们就被弄到一块了，当时还弄不清这算是一种优待呢，还是想把我们怎么样。有一天我们厂里的人造反，当时我还以为是来揪我的，结果把陈强给揪走了，把人捆起来，后背插上牌子往卡车上一扔，那情景就像要去枪毙似的。打这儿以后，我发现成荫同志的精神状态起了很大的变化，好像他这才开始认识“文化大革命”。他不同于一般人，他有预见性，能看出问题。他一下子就变得沉默极了！我虽然没有问过他为什么这样沉默，但是我完全能理解他。

回北影厂以后有一段时间，我仍和成荫同志在一起。我们一块儿劳动，在劳动过程中，我总是受到他的保护。我这个人比较迟钝，不像成荫同志那么机灵。有时我顾前不顾后的，成荫就常给我使眼色，提醒我：“快到那边去，不要在这里”，他暗示或启示我，免得我遭殃。就是在这样的处境下，他还在关心我、照顾我。这些情景，我至今不忘！（节选自赵子岳：《我所热爱的好导演》）

李苦禅：鹰

1976年，唐山地震后不久，我从东北回京探亲。爸说我在乡下缺油水，得吃点好的“补补”，拉着我去了西单菜市场。买肉排长队。爸极有耐心地与我商量：买硬肋还是五花？喜欢吃腐乳肉还是“腌笃鲜”？身后的一个妇女掩口而笑：这个爸爸也忒民主了！冷不防，突然有人在爸的肩膀上猛地击了一掌，宏声大嗓地叫道：“哈哈！汪曾祺！”回头一看，是一位与爸年龄、个头相仿，身板结实的老头。他一手拎了一只硕大的菜篮，另一只手仍然很亲热地拍击着爸：“好久不见啦！”爸也十分高兴：“成荫啊！你这家伙！最近忙什么呢？”“忙不忙，忙什么，上边说了算，由不得咱们！”爸会意地点点头。寒暄了几句，成荫凑近爸的耳朵，神神秘秘地问：“最近听说‘江’的什么事没有？”爸立刻两眼发亮，跟我说：“你先排队，快到了叫我。”两人躲到一边聊天去了。刚开始，他们还挺谨慎，轻声轻语地，谁知越说越高兴，忘了形，音量便控制不住了，还嘻嘻哈哈地笑个不停。排队买肉的人被他们吸引了注意力，拼命地竖起耳朵，虽然只能听出只言片语，但说的是谁，敏感的人肯定是明明白白。我为他们攥着一把汗。那个时候，尽管老百姓对“四人帮”已相当不满，可是基本都是关起门来议论，“上面”隔三岔五地追查“反革命谣言”，人们懂得自我保护。我叫爸：“你过来，快排到了！”他摆摆手：“别急，还得会子！”我又叫：“马上就排到了！”他倒干脆：“你自己看着买吧！随便！”买了肉，我过去拉拉爸的袖子：“你们不会小声一点儿？别人都听呢！”成荫笑着吐吐舌头：“得嘞，不聊了！”拍拍他的大菜

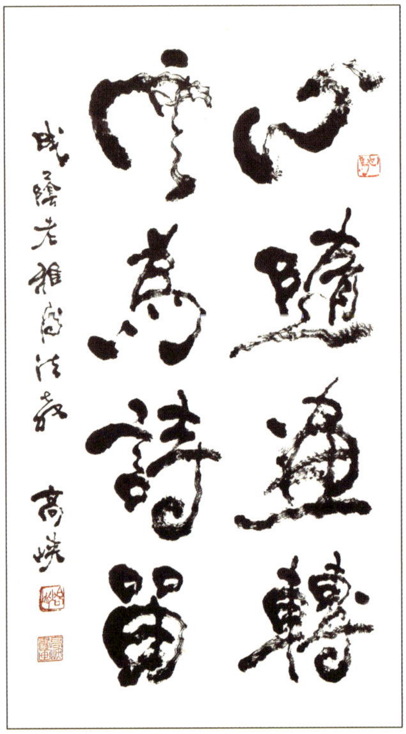

1

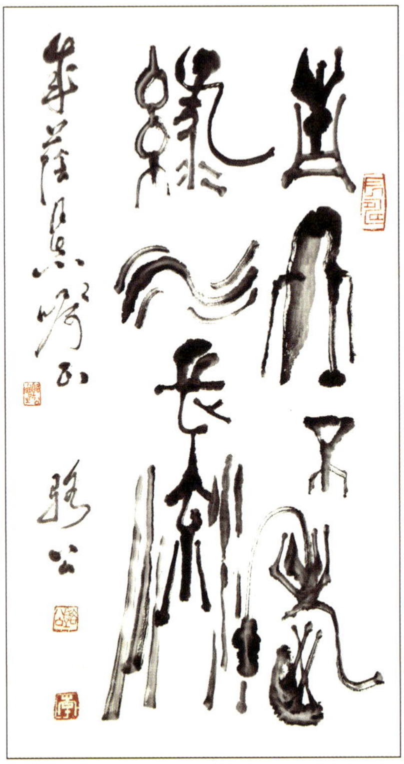

2

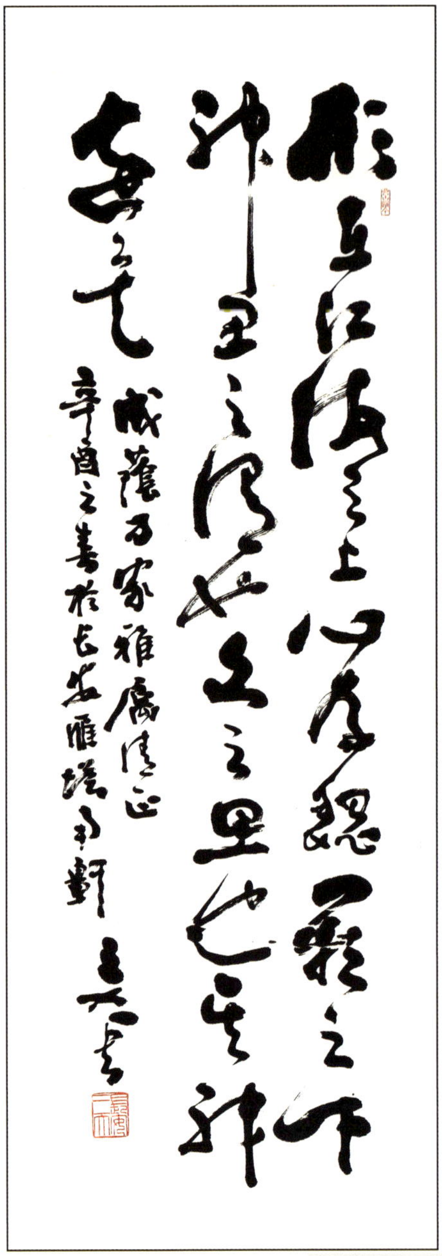

3

1　高峡：心随画转 云为诗留
2　李骆公：青山不老　绿水长流
3　吴三大：形在江海之上
　　　　　心存魏阙之下
　　　　　神思之谓也
　　　　　文之思也
　　　　　其神远矣

篮："家里给的任务，还没完成呢！"爸说："这位可是会吃好东西的主儿！"没走几步，成荫回过头大声说："什么时候找机会喝几杯？"爸自是慨然应允。"闹了半天，大导演就是这个样子呀？"我笑着说。爸很认真："嘿，他可是个大好人，又有才华，又直率，人家正经是个老革命呢，一点架子都不摆。"我问他们怎么会这么熟，爸说，他搞《沙家浜》，成荫拍彩色影片《南征北战》，大家都在江青的手底下干活儿。"一根绳上拴的蚂蚱呗，"我买的肉已引不起爸的兴致，回家的路上，他有滋有味地"传播"起刚刚听来的"小道消息"。（节选自汪朗、汪明、汪朝：《老头汪曾祺》）

1976年9月间，成荫同志回北京来处理别的事情，我与浩然同志留在上海修改《井冈山》。10月上旬，成荫突然飞到上海，那天，浩然不在，只有我一个人在招待所。我有点惊讶地问："成导演，你怎么回来了！"等到接他的人离开，屋内只剩我们两人的时候，他非常紧迫地对我说："你们赶快走！江青、王洪文、张春桥都给抓起来了，这里很可能变成战场。打起仗来，你又是当兵的，万一被裹到这里，即便打不死，将来审查，够你交代一阵的！"我埋怨他："那你还来干什么？"他说："你们不是还在这儿嘛！"由成荫出面，要求上海方面马上给我们买飞机票，理由是，剧本已经修改完毕，作者急需回北京。如果飞机票买不到，我们将扔下一切，坐那辆军车直奔南京军区。幸好，飞机票很快买到了。我和浩然离开上海，成荫一个人留下来殿后。又过了几天他才以看外景为借口到了广东。粉碎"四人帮"的消息发布以后，他才从广州回到北京。当时，成荫同志本来可以不去冒那个生命危险，但是他去了。他这次冒险的唯一原因，就是因为我和浩然还在那里。仅此一点，就足以说明成荫同志是可以充分信赖的人，是可以与之同生死共患难的人，是在任何情况下都不会抛弃自己战友的人！（节选自陆柱国：《文品·人品》）

李骆公：万象更新

成荫与家人

我们这个家是1951年随着父母工作的调动，从东影先后来到北京的，先在西单的万友旅社安的家，随后搬到阜成门410号，兄弟姐妹们是在阜成门的城墙边上长大的，一住就是三十年。后来410号变成了中国银行。

1948年成荫和申伸在东北电影制片厂

大哥成果是学美术专业的，毕业赶上了“文革”，分到京郊塑料厂，三班倒干了十年，托专业归队之福做了美术编辑工作。二哥成东，插队、参军和工厂都轮了一遍，然后考上兰州大学历史系，毕业以后从事中国兵器史的研究，并参加了《中国大百科全书》《中国军事百科全书》的编撰工作。姐姐成钢，在东北兵团多年后，赶上清华大学招生，学的是建筑结构设计，毕业后一直从事国家对外援建工作。妹妹成捷，也是去了东北兵团，回城后去了电影洗印厂当了十年电工，后转去北影，真正进入了电影这一行，参与了很多脍炙人口的电影制作，至今还一直在做演员导演工作。小妹妹成路，当年考电影学院录音系未录取，后考上大学的计算机专业，毕业后自己出国打工，继续学习。后来从事商业地产行业，成为购物中心专家。我从小就被父亲指明一条路，长大做木匠，“文革”了，木匠也没做成，去了云南兵团，又到山西当了农村电影放映员，然后入伍，在外多年后回到北京。也就是在本职工作之外，给电影专业人士们帮点小忙。

父亲不希望儿女们沾电影行业的边。这和他的创作经历有很大的关系。记得在我很小的时候，他甚至想离开北京，策划着带着全家去广西落户。现在想起来，那正是他拍完《上海姑娘》后的经历，使他产生了这一想法。

让人宽慰的是，他也赶上了改革开放的年代。

兄弟姐妹们也常常对母亲说，全家人还都健康地生活着，就是家庭最大的幸福。

成征　记述

1

2

3

1 1957年秋，成荫和申伸在阜成门410号家中
2 1959年，全家拍摄于中国照相馆
3 1957年春节，大家庭合影（成荫 摄）

1

2

3

4

1　分散于全国各地的家人于1975年偶然团聚在北京（拍摄于大北照相馆）
2　1951年春在搬到北京之前，申伸带着三个孩子在东影家门口留影
3　1959年夏天，成荫和申伸拍摄于中国照相馆
4　1962年，成荫与岳父一家（拍摄于大北照相馆）（前排左起：郭西、申伯纯；二排左起：申晓白、申伸、申晓丛；后排左起：申仲义、王炎堂、李成、成荫）

1

2

1 1978年，成荫与岳父申伯纯在小汤山疗养院
2 1983年，成荫和申伸摄于小西天家中

1

2

3

1　1993年，申伸探望旅居意大利的儿子一家，期间到梵蒂冈博物馆参观游览
2　1982年春节，三代同堂
3　2000年，申伸到澳大利亚看望女儿成路，在悉尼帕拉玛塔河边留影

成荫生平及创作年表

1917年

1月21日（农历腊月二十八）生于山东曹县，原籍江苏松江。

名蕴保、荫五、荫。兄弟排行第五，上有四兄二姐。

父，成瘙梅，东吴大学毕业。先后当过小学教员、邮电局职员、县政府职员，与友人合股开采过锌矿，经营过轮船公司，办过报纸。第一次世界大战时，代表地方政府与占领山东的日军办过交涉，北伐时任过江西云都县代理县长，晚年义务行医。

母，陈氏，理家。

1923年

在北京西单铁匠胡同师大附小上学。

秋，母病逝。父亲与友人一起开矿失败，负债累累。

1924年

失学一年。

1925年

为了减轻大姐成佩华的负担，到山西太原由大哥成昌保供养，入太原模范小学。

1930年

小学毕业，入太原私立新民中学。

1931—1934年

1931年秋，离太原，奔上海父亲处。

“九一八”事变，日寇占领东北三省。

失学四年。父失业，靠两兄弟微薄补贴度日，生活在典当、借债、还债的日子里。

与失学青年一起搞乐器合奏，学拉二胡、小提琴，梦想当音乐家。经常在说书场里听书。

1934年

又从上海到山西汾阳大哥处，大哥时任汾阳电报局局长。

继续失学一年。

日寇侵略华北日甚一日，北平爆发“一二·九”学生运动。

1936年

夏，从大哥处又到武汉二哥成寿保处，二哥在汉口无线电台任报务员。接受二哥的引导，读过《译文》，艾思奇的《大众哲学》，邹韬奋主办的《生活》周刊，辛克莱的《密探》《石炭王》等著作。朦胧地同情穷人。

入善德英文补习学校学习。

12月12日发生震惊中外的“西安事变”。

1937年

7月7日，抗日战争爆发，头脑中唯一的念头是要抗日，不当亡国奴。

8月13日，日寇侵入上海，四哥成俊保在保卫上海的淞沪战役中牺牲。

9月初，到汾阳，遇阎锡山部队经汾阳向大同前线开拔，以为能抗日，随军而去。但前线不战即溃，很失望。行经原平、忻口时，恰遇从陕北开来的红军，纪律严明，沿途受到群众热烈欢迎。

10月折回汾阳，太原吃紧，又去武汉，武汉亦准备撤退。找到善德学校同学李非、陈地组织“怒号”救亡歌咏队，在汉阳附近演出《放下你的鞭子》，演唱救亡歌曲等。

11月，至西安，到“寒假战时训练班”听课，江隆基讲《帝国主义论》、沈志远讲《唯物辩证法》、侯外庐讲《抗日民族统一战线》等，学习结束，四处寻找去延安的关系。

1938年

2月，经侯外庐介绍与李非等到山西临汾找续范亭安排工作，因敌机轰炸，所乘卡车抛锚，又失去联系。与同行的其他六人议定，从永和关过黄河经绥德奔赴延安。

3月11日到达延安，入陕北公学第一期十九队学习。

5月1日加入中国共产党。

5月毕业，原拟到抗日军政大学学军事，毕业后上前线杀敌。在毕业演出时，参加演出了短剧《张老二参军》，为鲁艺老师发现，经组织调动去学习。

在鲁艺二期戏剧系学习，创作了活报剧《傀儡戏》《国际玩具店》《世界公园》。

7月，抗战一周年，参加演出话剧《流寇队长》、新编平剧《松花江上》。

11月初，在鲁艺学习毕业，被分配到八路军120师战斗剧社任导演（又称戏剧教员），导演并组织演出了从延安带来的《国际玩具店》《流寇队长》《打虎沟》等剧。剧社时驻晋西北岚县。

广州、武汉失守，敌将主力集中到敌后我抗日根据地，为巩固华北根据地，党中央决定由贺龙、关向应率120师部分部队于12月下旬驰援冀中。战斗剧社随部队通过同蒲铁路封锁线抵晋察冀边区。

1939年

元旦在晋察冀边区。遂即通过平汉路敌封锁线，挺进冀中。

1月，在频繁的平原作战中，战斗剧社队伍壮大了，在冀中为军民演出《军火船》《打虎沟》等剧。

2月，导演歌剧《农村曲》，为军、民、干部演出。

5月，战斗剧社奉调返晋察冀边区休整。

6月，参加了晋察冀边区剧协召集的戏剧工作座谈会。

7月，导演了由莫耶、刘肖芜执笔的多幕话剧《丰收》，到部队及边区各地演出。

8月，导演了由莫耶创作的多幕话剧《水灾》，为军民演出。

11月，导演多幕话剧《警觉》。

冬季反扫荡开始，被派随医院行动，协助做伤员工作。亲见边区军民团结一致顽强与敌斗争的情景，编导了反映边区军民充满胜利信心的话剧《晋察冀的乡村》。

12月，阎锡山发动“晋西事变”，妄图消灭我党领导下的山西新军，120师奉党中央之命，回师晋西北，支援新军。

1940年

1月，再次通过同蒲路敌封锁线及冰封的云中山。

3月，移驻兴县。导演话剧《一万元》《大王庄》《叛变之前》等。

5月，参加晋西北文联成立大会。

7月，被任命为战斗剧社政治指导员。

1941年

年初，与朱丹、严寄洲三人到延安去学习，物色干部。

8月，运用从延安抄回的斯坦尼斯拉夫斯基表演体系导演独幕话剧《命令》。

10月，导演话剧《雷雨》。

11月7日，演出话剧《雷雨》。文艺界引起争论。

1942年

1月31日，导演话剧《五日夫妻》，为军民演出。

5月，剧社到绥德休整，导演话剧《北京人》。吕梁剧社并入战斗剧社。

延安召开文艺座谈会。

8月，剧社奉调到延安汇报演出。编写了报告剧《敌我之间》（包括《自家人认自家人》《求雨》《虎列拉》），演出后剧本在《解放日报》发表。

11月21日，在杨家岭礼堂演出《晋察冀的乡村》《荒村之夜》《公道的评判》等节目，毛主席看了戏，并给剧社负责人回了信。

1943年

2月2日与申伸结婚。

3月，率剧社离延安，带回延安秧歌节目，一路演回晋西北。

剧社创作了新的秧歌剧《新旧光景》《逃难》《大家好》，在边区各地巡回演出。

秋，师直属机关干部集中在黄河西岸的彩林村，开始整风，剧社大部分同志参加了学习。

1944年

春节期间，剧社部分同志还未做结论又集中创作了快板活报剧《南京与重庆》和《三女婿拜年》等节目。

2月，在被审查隔离中写出独幕话剧《打得好》，发表于1945年2月2日的延安《解放日报》。

5月，甄别平反后恢复工作，任剧社副社长。

9月，《打得好》获晋绥“七七七”小型报告剧文艺奖。

12月，被评为晋绥边区模范工作者，出席边区群英大会。

1945年

8月15日，日本宣布无条件投降。

9月，调出战斗剧社，被派到晋绥南线参加解放汾阳战役。建立吕梁军区后任政治部宣传科长。

1946年

3月至5月，深入连队，了解指战员在停战令下达以后的思想动态，开展“将革命进行到底”的教育。

8月，训练俘虏。

1947年

陕甘宁边区面临着国民党胡宗南二十万兵力的进攻。

3月17日，随王震率领的西北野战军二纵队星夜赶到保卫延安的前线甘谷驿。任宣传科长。

3月19日，胡宗南进占延安。

随部队参加了羊马河、蟠龙、青化砭、沙家店等战役。

10月，奉调离开部队，参加西北电影工学队并担任支部书记，到东北去学习电影。

11月，赶到河北深泽县东北马村与华北电影队会合。

1948年

3月18日，离开河北。

5月底，到哈尔滨。

6月，到达东北合江省佳木斯市鹤岗镇（即兴山）东北电影制片厂，任编导。

7月，在袁牧之、陈波儿的具体指导下编导纪录片《东影保育院》。

年底，编剧导演故事片《回到自己队伍来》。

1949年

5月，《回到自己队伍来》拍摄完成。

7月2日，参加在北京召开的中华全国文学艺术工作者第一次代表大会。

7月25日，中华全国电影艺术工作者协会成立，当选为全国委员会委员。

7月31日，与陈波儿共同做的《回到自己队伍来》总结，发表于《人民日报》。

8月，上海《文汇报》就小资产阶级是否可以作文艺作品的主角问题展开讨论。讨论延续两个多月。

9月，将武兆堤、苏里、吴茵创作的歌剧《钢骨铁筋》改编为电影文学剧本《钢铁战士》，并出任该片导演。

10月1日，中华人民共和国成立。

1950年

1月27日，《钢铁战士》开拍。

8月，《钢铁战士》完成送审。

8月15日，成立《荣誉属于谁》摄制组，任导演。

9月22日，《荣誉属于谁》开拍。

9月28日，《钢铁战士》经审查通过。

10月25日，朝鲜战争爆发。

12月9日，《荣誉属于谁》完成送审。

1951年

1月，调北京担任电影局艺委会秘书长。

1月30日，电影局审查《荣誉属于谁》，通过，并作局部修改。

2月中旬，在全国20个城市上映《钢铁战士》。

4月—5月，补拍修改《荣誉属于谁》。

5月20日，《人民日报》发表毛泽东的社论《应当重视电影〈武训传〉的讨论》。

7月14日—29日，随史东山为团长的中国电影代表团参加在捷克斯洛伐克举行的第六届卡罗维发利国际电影节，大会授予《钢铁战士》和平奖。

7月，参加了文化部电影局电影学校的开学典礼。

9月20日，被派到上海，组织拍摄《南征北战》，与汤晓丹联合导演。

12月，文学艺术界开始开展整风学习运动。

1952年

2月17日，电影局艺委会讨论修改后的《荣誉属于谁》，参加会议的有陆定一、吕正操、滕代远、岳野、林杉等。

9月，《南征北战》完成，由周扬、袁牧之带领，到中南海请周恩来、朱德、陈毅、彭德怀、聂荣臻等国家领导人审查，通过。

10月1日，《南征北战》在北京上映。

10月，回到电影局，继续担任艺委会秘书长。

《〈南征北战〉导演的话》在《大众电影》第15期上发表。

12月，全国文协召开“胡风文艺思想讨论会”。

1953年

3月，文化部电影局、全国文协联合召开第一届全国电影剧本创作会议。在“电影编剧学习社会主义现实主义创作方法座谈会”上，谈“电影技巧问题”。

由于中华人民共和国成立后数次对几部电影的批判和整风运动，故在这个会议上，概括并且反映编剧和导演们的“不求艺术有功，但求政治无过”的心情。

5月，与冼群、伊琳在《文艺报》第9号上联名发表《试谈电影导演处理人物和环境的问题》。

9月至10月，参加了中国文学艺术工作者第二次代表大会。

1954年

3月13日，《荣誉属于谁》按电影局方案修改完，更名为《在前进的道路上》。

4月21日，电影局审查通过，有小修改。

6月27日，修改完毕。

9月，在《大众电影》上发表《给希望做电影演员的青年同学们》的一封信。

参加由汪洋任团长的中国电影工作实习团去莫斯科电影制片厂实习，担任副团长。

10月，在莫斯科电影大学听课一个月。

11月12日，参观访问莫斯科电影制片厂有关部门。

11月14日，《在前进的道路上》审查通过。

1955年

1月至3月，参加尤特凯维奇导演的《奥赛罗》摄制组和罗姆导演的《第六纵队》摄制组实习。同时参加莫斯科电影制片厂艺委会的活动。

6月，在《大众电影》第11期上发表《我们在莫斯科学习》。

12月，中国电影工作实习团学习结束，回国。

1956年

任北影导演。

与孙谦合作，创作电影剧本《未完成的旅程》。

4月23日至27日，被北影厂选为先进工作者，参加全国文化先进工作者会议。

5月，在北京参加全国先进生产者代表大会。

5月30日，接受拍摄《万水千山》的任务。

北京电影学院建院，应聘担任院招生委员会委员。

10月，与孙谦改编出《万水千山》电影文学剧本二稿，讨论中，对剧本有不同意见，领导决定暂停，先拍《上海姑娘》。

11月，在《中国电影》上发表《从舞台导演到电影导演的体会》。

1957年

4月11日，全国电影工作者代表大会在北京召开，成立中国电影工作者联谊会，当选为理事。

文化部举行1949—1955年优秀影片发奖大会，《钢铁战士》获一等奖。

4月14日，参加周总理在中南海紫光阁接见部分电影工作者的活动。

5月，在《中国电影》上发表《谈谈选择演员的问题》。

6月，《上海姑娘》在武汉钢厂开拍。

6月8日，《人民日报》发表社论《这是为什么？》，反右派运动在全国开始。

7月1日，《人民日报》发表社论《〈文汇报〉的资产阶级方向应该批判》。

《上海姑娘》完成，审查通过。

11月，在《中国电影》上发表《导演札记》。

12月12日—18日，随陈荒煤率领的中国电影代表团参加在布拉格举行的社会主义国家电影工作者第一次创作会议，会后访问了东德。

12月与海默合作创作了电影剧本《春城无处不飞花》，投入生产后又停下。

1958年

1月11日，第五次讨论《万水千山》剧本。

4月至5月，反复讨论《万水千山》剧本。

6月，全国范围内掀起人民公社化运动。

参加在长影召开的电影会议，在康生提出“拔银幕上的白旗”的压力下，包括《上海姑娘》在内的一些影片受到批判。

8月，《万水千山》摄制组成立，为“八一”与北影合拍。

10月，北影体制改革，成立四个创作集体，任第四集体领导人。

1959年

1月至9月拍摄《万水千山》，9月全片完成，审查通过。

9月，庐山会议后，全国掀起“反右倾”运动。

9月，在《中国电影》上发表《曲折些、复杂些、深刻些——创作问题随笔》。

10月，文化部举办“国庆十周年新片展览月”，《万水千山》在展览月上映。

在《电影艺术》第3期上发表《不是经验》。

在《大众电影》第12期上发表《写在〈万水千山〉上映之前》。

12月，在《电影创作》第12期上发表《谈改编〈万水千山〉的点滴体会》。

1960年

1月，决定与草明合作，将其长篇小说《乘风破浪》改编为电影剧本。到鞍钢熟悉生活进行改编工作。

3月，完成初稿送审，市领导审查后要求写“鞍钢宪法”与“马钢宪法”。

6月，根据梁信同名小说改编的电影剧本《碧海丹心》在《电影创作》第6期上发表。

7月22日至8月14日，参加全国第三次文代会。同时参加影联第二次代表大会，联谊会更名为中国电影工作者协会，被选为常务理事。

8月—11月，草明病，与陈淼重新结构修改《乘风破浪》，定名为《金光灿烂》。厂审未通过。

12月，领导决定导演《阿娜尔罕》。

12月26日，抵乌鲁木齐体验生活。

1961年

1月，到喀什、阿克苏等地选演员、外景地，讨论剧本二稿。后根据厂里安排调整，改由李恩杰担任导演。

2月，在南宁与谢扶民谈《韦拔群》剧本提纲。

2月，与朱今明到电影学院作专题报告。

3月20日，在电影学院给表演系57、59、60、62甲、62乙班讲授电影表演课。

4月至6月，根据辛毅的《在“中立调处”的外衣下——忆安平事件》一文，协助辛毅改编成电影剧本，定名为《停战以后》。

7月，厂艺委会讨论《停战以后》剧本。

6月至7月，参加全国故事片创作会议，周总理在会上做了有关民主作风的重要讲话。

7月1日，参加周总理在香山接见会议全体人员的活动。

7月10、12、13日，在北京电影学院给导演系58班讲授导演课。

8月7日，参加与日本导演山本萨夫的座谈会并发言。

9月，在北京电影学院导演系给留学生讲授电影导演业务的基础知识。

1962年

4月，与谢扶民、毛正三、马元杰合作的电影剧本《韦拔群》在《电影创作》上发表。

6月，《停战以后》开拍，担任导演。

8月3日，在《人民日报》上发表《历史的见证——〈停战以后〉拍摄散记》。

8月，在《电影艺术》上发表《从〈钢铁战士〉和〈南征北战〉重新上演所想起的》。

11月15日，完成《停战以后》的拍摄工作。

12月23日，周总理、陈毅、罗瑞卿等领导人审查了《停战以后》，通过，台词小修改。

1963年

4月1日，参加中宣部召开的文艺工作会议。

4月19日，周总理在会议上作重要讲话。

11月，修改《韦拔群》工作暂停，茅盾提出将现代题材长篇小说《浪涛滚滚》拍成电影。与原作者韶华研究改编。

1964年

1月，文学剧本《浪涛滚滚》在《电影创作》第1期上发表。

2月4日，成立《浪涛滚滚》摄制组，担任导演。

9月，完成《浪涛滚滚》拍摄工作，经审查，业务部门有意见，北影开始文艺整风，

终日开会，批判了一批影片。

9月24日，周恩来、邓颖超、陈荒煤审看《浪涛滚滚》。

12月，北影整风组长安波和孟波主张修改《浪涛滚滚》，与业务部门谈修改方案。

1965年

1月，《浪涛滚滚》修改完，未录音乐，搁置。

3月，接受拍摄《女飞行员》的任务。

4月，文化部和有关文艺单位开始文艺整风，在电影方面提出“批判电影创作中的修正主义”。

7月，与编剧冯德英讨论将舞台剧《女飞行员》改编为电影剧本。

8月28日，《女飞行员》摄制组成立，与董克娜联合导演。

12月，《女飞行员》拍摄完毕。

1966年

2月16日，空军领导审查《女飞行员》完成片。

3月6日，军委领导审查《女飞行员》，未通过。

3月中，与水华等同志去河南兰考等地采访焦裕禄的事迹。

4月16日—5月16日，随同以岳林为团长的中国电影代表团访问日本。

6月，“文化大革命”开始。

6月16日，文艺界人士数百人被集中于社会主义学院“学习”。

8月，“学习班”撤销，与厂内其他同志被揪回北影。劳动、示众、被批斗、关牛棚。

直至1968年。

1969年

3月，北影召开批判成荫的会，涉及“三个小戏”（《上海姑娘》《万水千山》《停战以后》），文学剧本《大老杨》《朱占标的故事》《浪涛滚滚》。

12月29日，到八一电影制片厂导演京剧《红灯记》影片。

1970年

1月20日，写出《关于〈红灯记〉搬上银幕的初步想法》。

3月，成立京剧《红灯记》摄制组。

8月13日，正式开拍。

12月8日，全片完成。

1971年

10月，完成重拍《南征北战》的剧本。

12月，接受拍摄京剧《红色娘子军》影片任务。

1972年

1月7日，在八一厂成立京剧《红色娘子军》摄制组。

2月8日，正式开拍。

5月12日，全片完成。

1973年

1月1日，参加周恩来、叶剑英、李先念等中央领导同志对部分电影、戏剧、音乐工作者的接见。江青、张春桥也在场。

10月，重拍《南征北战》，与王炎联合导演。

1974年

7月，完成重拍《南征北战》的工作。

1975年

1月，参加第四届全国人民代表大会第一次会议。

4月，接受拍摄维吾尔歌剧移植革命现代京剧《红灯记》影片的任务。

新疆维吾尔自治区歌剧团移植演出，本剧音乐以我国维吾尔族民间古典音乐《十二木卡姆》为素材进行创作。

9月，完成维吾尔语歌剧《红灯记》的拍摄工作。

10月，去新疆，参加新疆维吾尔自治区成立二十周年的庆祝活动。

1976年

1月8日，周总理逝世。

2月至10月，与王树元、浩然、陆柱国等到井冈山、广东农讲所、长沙等地采访，并写出《井冈山》电影文学剧本初稿。

9月9日，毛泽东主席逝世。

10月6日，“四人帮”被粉碎。

1977年

1月31日，参加电影局在北京召开的故事片厂创作生产座谈会。

2月18日，《钢铁战士》等影片恢复上映。

3月15日—25日，随钱筱璋为团长的中国电影代表团，参加在日本举行的首届中国电影节活动，其间放映了《南征北战》。

准备拍摄《拔哥的故事》。

8月1日，影片《女飞行员》在完成十一年后第一次公映。

11月，在《人民电影》上发表与李保元合写的电影剧本《不平常的日子》。

1978年

1月，北影成立领导小组，担任副组长。

2月22日—3月8日，参加全国政协第五届第一次会议。

3月，参加广西壮族自治区成立二十周年庆祝活动。

8月，《拔哥的故事》（上集）完成

12月1日，《停战以后》恢复上映。

12月，中共中央召开十一届三中全会。

《浪涛滚滚》在完成十四年后开始上映。

1979年

4月24日，在《人民日报》上发表《勤学苦练，掌握电影特性》，参加“怎样把电影搞上去”问题的讨论。

10月，完成《拔哥的故事》（下集）摄制工作。

10月30日—11月16日，出席中国文艺工作者第四次代表大会，为主席团成员。

11月4日，出席中国影协第四次代表大会，当选为常务理事、副主席。

12月，与北大赵季平及戏剧家吴祖光等座谈《西游记》的电影创作问题。

1980年

1月23日，被任命为北京电影学院院长。

1月28日，接受导演影片《西安事变》的任务。

2月至4月，在西安电影制片厂与郑重合作创作《西安事变》电影文学剧本。

8月6日，《上海姑娘》重新放映。

8月28日—9月20日，参加全国政协第五届第三次会议。

9月至10月，分镜头，陆续确定演员，排戏。在《电影创作》上发表《西安事变》文学剧本。

11月，《西安事变》在南京开拍。

1981年

9月1日，电影局审查《西安事变》对白双片，通过，做小修改。

10月，完成《西安事变》全片后期工作。

10月14日—11月8日，率中国电影代表团去美国参加中国电影周活动。

11月28日—12月13日，参加全国政协第五届第四次会议。

12月19日，在中央戏剧学院主持的全国戏剧表演教学座谈会上谈表演问题。

1982年

1月，被影协聘请为中国电影金鸡奖第二届评委会委员。

2月1日—10日，在南京参加第二届金鸡奖评选活动。

2月，在北京电影学院表演系、北京电影制片厂演员剧团、八一电影制片厂演员剧团共同举办的“电影表演讨论会”上谈电影表演问题。

3月7日，在《中国青年报》上发表《表演虚假漫谈》。

在《电影创作》上发表纪念摄影师高洪涛的文章。

3月20日，应广东影协分会之邀，在珠影厂做《西安事变》导演创作体会的发言。

4月，在《电影通讯》上发表《不是总结——有关影片〈西安事变〉的一点创作心得》。

在《电影故事》第4期上发表《创作反面人物形象的突破——谈孙飞虎同志的表演》。

4月8日，正式到北京电影学院工作。

5月23日，参加在西安举行的第二届中国电影金鸡奖颁奖典礼。

《西安事变》获最佳导演奖、最佳男配角奖、最佳化装奖。并获文化部1981年优秀影片奖。

同日，在《陕西日报》上发表《五进延安》一文。

6月17日—25日，参加中国文联第4届全国委员会第2次全委会。

6月26日—30日，参加影协第2次代表大会。

7月17日，向82届导演、表演、摄影、美术、录音五个系本科毕业生颁发毕业证书。

8月，在《电影创作》第8期上发表《我和演员——在一次表演座谈会上的发言》。

9月10日—10月28日，在北京电影学院内调查研究、熟悉情况。

10月，在《戏剧电影报》增刊上发表《赞扬声中要冷静》一文。

11月24日—12月10日，参加全国政协第五届第五次会议。

12月15日，被聘为文化部电影委员会委员。

1983年

1月，被聘为中国电影金鸡奖第三届评委。

在学院内听各系的讲课录音。

1月20日，被聘为《大百科全书》电影卷编委。

4月28日，因心脏病突发住进积水潭医院，30日病发作，被隔离监护。

6月7日，病情稳定，出院。

6月4日—22日，参加全国政协第六届委员会第一次会议。

7月，北京电影学院调整领导班子，要求不再任院长。

8月1日，《西安事变》获第一届解放军文艺奖。

应聘担任电视连续剧《红楼梦》导演顾问。

9月9日，因心脏病发再次住院。

10月21日，出院后休养。

1984年

3月10日，应邀去海南岛，参加《琼岛星火》电影剧本的修改工作。

4月15日，由广州回北京。

4月17日，到医院检查，心电图与1983年出院时相似。

4月18日，下午在电影资料馆看两部影片。

4月19日，下午在电影资料馆看两部影片。

4月20日，下午在电影资料馆看两部影片。

4月21日，下午在科影看两部影片。

4月26日，上午到政协去听关于我国科技发展趋势的报告，感觉良好，思路开阔。下午休息。晚六时半到电影资料馆看片，中途被邀到中影公司看片，进放映室坐下不到三分钟，突发心肌梗死，经抢救无效，猝然而去！

参考书目

北京电影学院成荫作品研究小组编辑:《论成荫》,中国电影出版社1989年

《成荫与电影》,中国电影出版社1985年

申晓婷编著:《难忘昨天》,长征出版社2012年

《贺龙与战斗剧社》,军事科学出版社出版发行1997年

汪林立编:《红色电影事业家汪洋》,中国电影出版社2016年

竹潜民、沈瑞龙主编:《人民电影的奠基者》,宁波出版社2004年

李文化:《往事流影——李文化的电影人生》,华文出版社2011年

《关于第六届国际电影节的报告》,新电影杂志社1951年

陈宝光:《苏云传》,中国电影出版社2012年

王炎:《一个导演的自述》,中国电影出版社2006年

汤晓丹:《路边拾零》,山西教育出版社1993年

唐明生:《秦怡传》,中国电影出版社2015年

汪朗、汪明、汪朝:《老头汪曾祺:我们眼中的父亲》,中国青年出版社2016年

刘澍:《中国电影幕后故事》,新华出版社2005年

易凡、紫卉:《"禁映影片"的禁映内幕》,《党史文苑》2008年第15期

钟惦棐:《电影〈南征北战〉所达到和没有达到的方面》,《文艺报》1953年第3期

成荫:《我们在莫斯科学习》,《大众电影》1955年第11期

《新中国电影开拓者——袁牧之》,《文存阅刊》2017年第1期

王维等:《向苏联电影取经》,《电影艺术》2008年4期

朱安平:《〈万水千山〉放异彩》,《大众电影》2008年16期

朱安平:《〈停战以后〉见证历史风云》,《大众电影》2007年第23期

刘一凡、江沂:《细说八大样板戏拍摄中鲜为人知的内幕(三)〈红灯记〉》,来源:网易历史

喀鲁克:《七十年代用维吾尔文演京剧〈红灯记〉内幕》,《新疆文史资料》2013年2月

《〈西安事变〉拍摄始末》,《大众电影》1981年第12期

张明堂:《中国电影金鸡奖第二届评选活动侧记》,《电影艺术》1982年第4期

沈嵩生:《纪念成荫同志把北京电影学院办得更好》,《电影艺术》1984 第7期

郭青:《纪念成荫同志座谈会纪实》《电影通讯》1984年第6期

林华:《浅谈电影"作者论"在中国的传播及其影响》,《理论与当代》2007年5期

黄苗子:《缘》《光明日报》1984年6月23日

罗君:《严寄洲——从小报校对到大导演》,《上海采风》2014年第7期

李道新:《成荫在1953》,新浪博客 2011年12月19日

成荫笔记

后　记

由于中间参与其他工作，这部画传的整理中断了几次，断断续续地弄了三年。

起因是为了完成母亲的遗愿。她生前在家里多次提出：谁能给你爸爸出个集子？家里有两个柜子，存放的都是父亲留下的各种文字资料和图片。父亲去世后，母亲守着这两个柜子又过了三十年。现在最后悔的是，她每次提起这事，我都没有接这个茬，直到母亲突然离世。

我在看了资料后，觉得很丰富，但是如果仅仅是个照片的集子，意义并不大，10分钟就能从头翻到尾，看到的也仅仅是照片本身，我想应当透过这些图片，让人看到它背后的经历，所以整理、搜集文字部分用了很多的时间，也没定下个时间表，什么时候满意了，什么时候定稿。数月前，听说“中国电影集团公司艺术家系列丛书”出版计划，通过申报，集团很快就拍板纳入了计划中，这对我又是个促进，特别是中国电影出版社的出版立项进程很快。这部画传的文字部分我几乎没有写一个字，我的想法是全都采用当年和父亲合作过的同事、他的领导者、当时的电影评论家和学者们的评说，以保持历史的真实性和可读性。

对于父亲的电影作品，大家所知道的多为那几部军事题材影片，但在整理资料的过程中，他创作的几部现实题材影片中的幕后风波，更是吸引人，所以着重突出了这些影片的创作过程。在他留下的工作笔记中，可以看到从六十年代初，记录了大量的整风、运动、批判、检查的会议记录，批判和自我批判的发言，几乎包括了当年北影的所有编剧、导演、摄影师、美术师、演员等创作人员，那段时光本应是这些前辈们最好的创作时期，然而却都消耗在无谓的运动中去了，更别说后来的“文革”十年。从父亲早期的创作经历可以看出，他那时的勤奋和努力，从初次踏入电影行业，三年拍了四部影片，到后来，父母经常回忆和留恋的是袁牧之和陈波儿领导电影的时期。也就是从第四部作品《在前进的道路上》给他后来的创作带来了影响。他那时已经担任了电影局艺委会秘书长工作，跟全国的编剧、导演们打交道，经过中华人民共和国成立初期的几次对文艺界的批判整风运动，在创作队伍中普遍存在着消极情绪，以至于父亲在1953年全国第一次电影创作会议上，提出了当时创作人员中普遍存在着“不求艺术有功，但求政治无过”的现象。创作气氛有阴有晴，到了提倡“百花齐放，百家争鸣”的时期，又是他们创作的活跃期，但都好景不长。

我看到的资料很多，由于诸多原因，不能一一展示出来。我能做的，是在“有分寸”的前提下，尽可能不失原样地反映当时的历史面貌。

这部画传是父亲在他电影生涯中留下的足迹。

这部画传也是父辈们经历过的令人感叹的年代。

感谢在编辑此画传的过程中提供帮助的刘诗兵老师、华克老师、刘一兵老师和周燕鸣先生；

感谢此画传中所采用部分文字的所有原作者；

感谢吴印咸、蔡国铭、李维明、柏雨果、蒋绍华、孙建三、张志国、康伟及更多不知其名的图片作者；

感谢长春电影制片厂、上海电影制片厂、北京电影制片厂、八一电影制片厂、西安电影制片厂和北京电影学院提供的剧照和工作照，正是有了这些珍贵的图片，才使这部画传能够更好看一些，也才有了今天这部画传的出版；

感谢中国电影集团、北京电影制片厂及宋振山厂长、刘继宗主任和李鹭提供的帮助。

感谢91岁高龄的电影评论家罗艺军先生撰写的序；

感谢电影专家解治秀、朱天纬、叶式生、王迎庆严谨细致的审读，为本书提供宝贵的意见；

另外，还要感谢中国电影出版社的马喆和甄晓文具体的编辑工作，才将这部画传完好地呈现在我们面前。

这部画传既是为了纪念父亲百年诞辰，也是为了告慰亲爱的母亲！

成征

2017年12月25日

图书在版编目（CIP）数据

成荫画传 / 成征编. —北京：中国电影出版社，2017. 12

ISBN 978-7-106-04833-4

Ⅰ. ①成… Ⅱ. ①成… Ⅲ. ①成荫（1917-1984）—传记—画册 Ⅳ. ①K825.78-64

中国版本图书馆CIP数据核字（2017）第309135号

成荫画传

——从战士到导演

成征 编

出版发行 中国电影出版社（北京北三环东路22号）邮编100013

电话：64296664（总编室） 64216278（发行部）

64296742（读者服务部） Email:cfpygb@126. com

经　销 新华书店

印　刷 中国电影出版社印刷厂

版　次 2017年12月第1版 2017年12月北京第1次印刷

规　格 开本/210×285毫米 1/16

印张/13.75 字数/100千字

书　号 ISBN 978-7-106-04833-4/K·0206

定　价 120.00元